협업하는 인간, 강해지는 조직

콜 라 플

협업하는 인간, 강해지는 조직

콜 라 플

임채연 지음

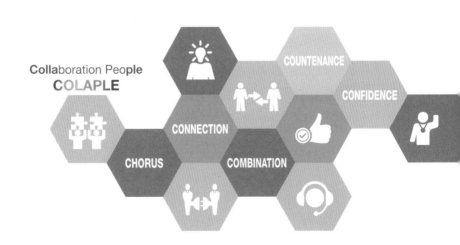

Collaboration People
COLAPLE

콜라플, 인간은 협업하는 존재다

홀로 독자적으로는 어떤 것도 이룰 수 없다.

사람은 혼자 살 수 없다. 기술은 나누어지고 깊어지고 있기 때문에 홀로 완성하기 힘들다. 일도, 연구도 누군가와 함께 할 수밖에 없게 된 것이다. 노벨상도 요즘은 공동수상이 대세가 되었다.

같이 한다는 협업(協業), 즉 콜라보레이션(collaboration)과 동업(同業, partnership)은 다르다. 같이 한다는 뜻에서 협업은 매력적이다. 경쟁자와도 동맹을 맺는 세상이다. G20, 아세안+2와 같이 다자간·개방형 협업 사례도 많아지고 있다. '부즈·앨런 앤드 해밀턴' 보고서에 따르면 최근 10년간 전 세계적으로 기업 간 제휴가 매년 25%씩 증가했다. 그런데 동업은 왠지 두렵다. 남녀 가수가 콜라보로 부르는 노래는 귀를 즐겁게 하지만 동업은 '사기를 당했다' 또는 '깨졌다'는 소리가 더 많이 들리기 때문이다.

협업하는 인간(Collaboration People)이 살아남을 수 있다.

우리는 Collaboration People, 즉 협업해야 하는 인간이다. 혼자서 모든 것을 다 할 순 없다. 과거 포드자동차는 일을 나누어서 하는 분업(分業)에 기초한 컨베이어 시스템으로 시장을 석권했다. 산업화 시대의 성공 요인이다. 기계의 부품처럼 각각의 물건을 만들던 시대에는 나누는 것만 잘하면 되었다. 그러나 지식이 중심이 되는 창조경제 프레임에서는 서로 교감하고 공감해야만 한다.

이제 일을 나누어서 하는 분업만으로는 좋은 결과를 얻기 어려운 시대가 되었다. 나 혼자 모든 것을 할 수 없으니 같이 하자는 협업은 결국 나도 살고 너도 사는 방법이다. 이 말은 단지 나누기만 하는 분업을 과거와 같이 유지하는 것은 같이 죽는 길이라는 뜻이 될 수 있는 것이다.

그렇다면 같이 살기 위한 협업에서 첫 번째로 할 일은 무엇일까? 협업은 팀을 구성하는 것부터 시작해야 하는데, 대부분이 주변에 쓸 만한 사람이 없다고 탓하기 십상이다. 누군가와 함께 해나가지 못할 때의 결과를 두려워하는 마음으로 인재를 찾는다면 주변에 사람이 보이기 시작할 것이다. 그리고 '그 사람들'과 함께 무엇을 할지 정해서 첫걸음을 떼야 한다. 처음에는 성과가 없으면 속상하겠지만 그보다는 의미 없는 결과가 더 문제다. 문제점을 모른 채 잘못된 방향으로 나아가게 하기 때문이다.

1 + 1은 3이 될 수 없다. 3 + 3은 6이지만 3×3은 9가 된다.

무작정 채우려고 하면 한없이 불어난다. 버릴 것은 버려서 새로 채울 그릇을 만들어야 한다. 지킬 것은 지켜서 흔들리지 않는 뿌리도 만들어야 한다. 준비가 되었다면 키울 차례다. 더하기로는 시너지가 나오지 않는다. 더함을 능가하는 곱함이 필요하다. 곱함으로 가기까지 살펴보아야 할 다섯 가지를 먼저 구성했다.

(1) 시작이다. 협업팀을 구성하는 것부터 출발한다.

(2) 무엇을 할 것인지 정하고 이루어야 할 것을 그린다.

(3) 의미 있는 작은 성과를 만드는 소중한 첫걸음을 내딛는다.

(4) 채우기 위해 그릇을 비운다.

(5) 지켜야 할 뿌리를 흔들리지 않고 지킨다.

그 뒤 마지막으로 (6) 더함보다 더욱 커지는 곱하는 콜라플 (COLAPLE)이 되는 길을 제시했다. 1장부터 5장까지는 콜라플이 되는 방안과 주변에서 실제로 발생한 실패 및 성공 사례를 각각 제시했다. 6장에서는 우리가 바로 활용할 수 있는 온라인 도구를 제안해 콜라플 실현을 돕고자 했다.

협업은 준비된 팀만이 가능하다.

혼자 할 수 없어서 팀을 구성하지만 준비가 미흡할 경우 혼자 할 때보다 힘은 더 들고 기대하는 성과는 나오지 않기가 쉽다. 협업을 하기 위해서는 협업이 어떤 것인지 알고 준비해야 한다. 둘 중에 하나를 선택해야 하는 괴로운 결정도 해야 한다. 협업을 위한 도구도 마련해야 하며, 발생할 장애를 극복해 나갈 각오도 해야 한다. 50개의 이야기를 통해 자기 팀의 문제점을 파악하고 새롭게 나아갈 방향을 조금이라도 발견할 수 있길 바란다.

임 채 연

| 차 례 |

3장 – 첫걸음을 인정해야 내딛을 수 있다

성과가 작음을 탓하지 말고 의미 없는 성과를 두려워하라

4장 – 버릴 것을 버려야만 다시 채울 수 있다

채울 것이 없음을 탓하지 말고 채울 그릇이 없음을 두려워하라

5장 – 지킬 것은 지켜야 흔들리지 않는다

흔들리는 갈대를 탓하지 말고 지켜야 할 뿌리가 없음을 두려워하라

1장

'여럿이 같이'는
팀 구성에서 비롯된다

곁에 사람이 없음을 탓하지 말고
있는 사람과 함께하지 못함을 두려워하라

1. 1등 vs. 꼴찌

2015년 11월부터 2016년 1월까지 방영된 드라마 〈응답하라 1988〉에 나온 꼴찌 덕선의 짝은 1등이다. 1등이 꼴찌에게 도움을 주라고 짝이 되도록 했다. 덕선에게 1등 짝은 과연 도움이 되었을까?

한 반에 학생이 60명이 넘던 시절에는 효율적인 수업과 학습이 사실상 어려웠다. 대략 중간 수준에 맞춰서 설명하면 앞선 학생은 지루하고, 느린 학생은 어려워서 잠이 오게 된다. 요즘 초등학교는 한 반이 30명 미만이니 사정은 나아졌지만 얼마만큼의 인원이든 수준을 맞추기가 쉽지 않은 것은 마찬가지다. 선생님은 서로 도움이 되길 바라는 마음에서 자리 배치를 다음 페이지의 그림처럼 해본다. 〈응답하라 1988〉에서 보았던 자리 배치다.

1등이 꼴찌를 도와주도록 한다. 과연?

1등이 60등을 지도하고, 2등은 59등을 이끌도록 하는 것이 목적이다. 그러나 드라마에서 보았듯이 그다지 효과는 없다. 두 사람은

학교에 등교한 이유가 다르다. 관심사도 다르다. 그나마 착한 1등과
60등은 선생님이 시키니 뭔가 하는 척 시늉은 할 것이다. 기업 내에
서도 종종 1등과 꼴찌를 한 팀으로 만들어 주곤 한다. 1등의 지도와
편달로 성과를 내라는 의도다. 학교에서 선생님이 1등과 꼴찌를 짝
으로 만든 것과 같은 상황이다.

1등과 꼴찌를 짝이 되게 하고 다정한 대화와 협업이 있기를 기대한다.

오히려 끼리끼리 모이게 하는 것이 나을 수도 있다.

다음 그림은 '끼리끼리' 어울리게 하는 모습이다. 공부를 잘하는
아이는 잘하는 아이끼리 앉게 한다. 인성이 비슷하거나, 관심 분야가
같은 친구들을 모아서 여럿이 같이 하는 시작점을 만들 수 있다.
　1등과 꼴찌라는 자리 배치는 '끼리끼리'의 반대다. 학생이라면
평등한 관계일 수 있지만 기업에서는 불평등하고 위계적인 환경이
될 가능성이 높다. 협업은 수평적 관계에서 비롯된다. 서로 도움을
주고받는 관계이기 때문이다. 물론 상사와 부하 관계에서도 일을 나

누어야 하며 협업해야 한다. 명령이나 지시에 대한 이행은 분업적 가치다. 그럼에도 상사와 부하가 서로 지원하는 관계라면 협업이 될 수 있다. 성과를 내는 순서가 아니라, 각자 잘하는 특기가 있고 성품이 서로 달라 벌집 같은 결집력을 만드는 자리 배치가 이루어지면 협업은 더욱 좋은 도구가 될 수 있다.

리더의 중요성은 여기에서도 나타난다. 잘하는 사람과 못하는 사람을 모은 것이 아니라 각자 특기가 있는 사람이 모인 곳이기 때문이다. 아이디어를 잘 내는 정봉을 격려해서 문제를 풀 열쇠를 찾게 한다. 정환으로 하여금 실행 계획을 짜게 하고, 선우는 그 계획 아래에서 행동한다. 보라는 프로젝트 관리를 하도록 한다. 조직에는 동룡처럼 잘 따르는 사람이 있어야 한다. 이른바 팔로우십(followship)이다. 리더가 행복해지는 순간이다. 한편 조직에는 덕선처럼 투덜거리는 사람이 있기 마련이다. 진행 중에 문제를 발견하는 사람일 수 있으니 긍정적인 에너지로 활용하는 지혜가 필요하다. 리더가 홀로 하는 것보다 여럿이 같이 하는 것이 즐거울 수 있다.

같은 목표를 갖고, 공감하며, 각각의 재능을 충분히 발휘할 수 있도록 한다.
각자의 역할이 있을 뿐 1등과 꼴찌는 없다.

콜라플 팀 만들기

불평등하고 위계적인 환경에서는 아래를 향한 명령과 지시만 있을 뿐 자발적 소통은 없다. 이런 환경에서 협업은 시늉에 불과하다. 1등이 꼴찌의 업무 수행 결과를 멸시하고, 꼴찌가 1등의 성과를 질투하는 상황에서 둘을 팀으로 묶어 놓으면 둘 다 망하는 지름길이다. 콜라플 팀에서 짝은 성과의 높낮이를 기준으로 맞어서는 안 된다.

실패 사례

그룹사 내에서 영업이익으로 이자도 못 내는 꼴찌 기업을 1등 회사에 붙여서 회생시키려는 시도를 한다. 삼성그룹 내에서 가장 우수한 성적을 내고 있는 삼성전(前)자의 임원을 계열사 꼴찌 삼성후(後)자에 보내서 1등의 방법을 전수하려는 시도다. 그러나 성공적이었다는 이야기를 듣기 어렵다. D그룹은 삼성전자 임원을 스카우트해 삼성의 DNA를 접목하는 시도를 꾸준히 해왔다. 1등을 불러 꼴찌 옆에 앉힌 것과 다르지 않다.

성공 사례

'오클랜드 애슬레틱스'의 단장으로 재직한 '빌리 빈'은 메이저리그 최하위였던 팀을 다섯 번이나 포스트시즌에 진출시킨 명장이다. 그는 명성과 연봉으로 선수를 선발하던 관행을 과감하게 깼다. 오로지 경기 데이터 자료만을 바탕으로 선수들의 재능을 평가해서 적은 비용으로 높은 효과를 거두는 선수를 선발한다. '머니볼 이론'이다. 이런 선수 구성으로 140년 메이저리그 역사상 최초로 20연승이라는 이변이자 혁신을 만들어 냈다. 머니볼은 철저하게 분석한 경기 데이터를 기반으로 적재적소에 선수들을 배치해 승률을 높이는 게임 이론으로 자리 잡았다.

2. 전문경영인 vs. 오너경영인

■■■■ 대기업에서 부장까지 일하고 정년퇴직하기까지 창업주 오너 경영인을 직장 생활 내내 한 번도 못 보고 퇴사하는 경우도 많다. 전문 경영인과 잘 일해서 현대제철에 스카우트 된 포스코(POSCO) 출신 임원이 오너경영인과 일하는 현대제철에서의 적응을 어려워한다.

그룹 계열사인 K사에 모회사에서 전문경영인이 사장으로 임명되어 내려온다. 전문경영인은 임명장을 받은 후 기본적인 회사 상황을 파악해 오너경영인에게 회사를 어떻게 이끌고 무엇을 이루겠다는 보고를 한다. 그 결과로 합의된 경영목표를 갖게 된다. 임기 중에 목표를 달성하기 위한 경영활동을 시작한다.

전문경영인은 승인받은 경영목표를 중간에 바꾸지 않는다.

매출을 더 높일 수 있어도 바꾸지 않는다. 기술개발 일정이 앞당겨질 것 같아도 변경하지 않는다. 초과 달성할 기회를 버릴 이유가 없기 때문이다. 전문경영인은 달성할 수 있을 정도의 목표를 수립하는 것이 매우 중요하다. 오너경영인의 이해를 돕고 잘 납득시켜야 한다. 어렵게 승인받은 사항은 중간에 바꾸지 않게 된다. 목표에 미달하는 경우에 목표를 낮추자는 보고 역시 하지 않는다. 자리를 내놓을 각오를 하는 경우라면 할 수 있겠다.

전문경영인을 모시는 직원 입장에서는 그 목표를 달성하기 위한 노력만 하면 된다. 요즘은 오너경영인이 특별한 사유가 없으면 1년에 한 번 평가하니 유효기간은 대략 1년이다.

오너경영인으로부터 임명장을 받은 전문경영인은 정해진 시간 속에서 산다.
비전도 있고 중장기 계획도 있지만, 올해의 실적을 가장 중요하게 생각한다.

오너경영인의 첫 번째 성공 요인은 변덕이다.

전문경영인이 오너경영인에게 보고할 때에는 거의 모든 요소를 준비해야 한다. 어떤 질문이 나와도 답변을 해야 한다. 불확실한 정보를 바탕으로 불완전한 검토를 했다고 인식되는 순간 그 자리는 없다고 봐도 된다. 그러므로 준비 기간이 길다.

반면에 오너경영인은 본인이 판단하고 결정하기 때문에 불확실한 정보로 불완전한 결정을 한다. 세상일이 그렇듯 100% 확실한 정보와

완전한 검토는 없기 때문이다. 일을 시작하면서 확실성이 점차 커진다. 완전성도 점차 높아진다. 처음 결정을 지킬 이유가 없어진다. 아침에 결정했지만 점심 먹는 사이에 정보가 하나 더 들어온다. 바로 변경하도록 지시한다. 아랫사람은 죽을 맛이다. 아침에 결정한 사항을 오후에 바꾸고, 오후에 바꾼 사항을 저녁에 전화로 또 바꾼다. 이런 변덕은 수정과 보완이 이루어지는 성공의 제1 요인으로 작용한다. 전문경영인은 이렇게 못 바꾼다. 오너경영인에게 본인의 실수를 자인하는 꼴이 되기 때문이다.

오너경영인이 시시콜콜 전문경영인에게 조언하는 것은 협업이 아니라 간섭이다.

둘 다 '돌격 앞으로'인데, 포스코와 현대제철은 스타일이 반대다.

오너경영인이 결정한 것은 거칠 것이 없다. 즉시, 빨리빨리 진행한다. 그 사이에 수정하고 보완해 나간다. 현대제철이 당진에 제철소를 건설하면서 포스코 출신을 많이 영입했다. 포스코와 현대제철의 문화 사이에서 많은 충돌이 있었다. 포스코 출신은 전문경영인과 일했었다. 준비를 철저히 해서 정해진 대로 돌격하는 스타일이다. 현대제철은 오너경영인 스타일이다. 준비 기간은 짧고 우선 삽부터 든다. 그것도 빨리빨리 한다. 당연히 중간에 실수가 있고 시행착오도 발생한다. 그럼에도 수정과 보완을 잘한다. 의심도 성공 요인이다. 누구나 실수는 하기 때문이다. 보정할 준비를 하는 것이다. 중요한 사항은 여러 경로로 확인하고, 진행 상황을 파악해 필요한 조처를 한다. 오너경영인과 같이 일할 때 생각해야 할 부분이다.

콜라플 팀 만들기

전문경영인과의 협업은 일관성 있는 추진이 중요하다. 오너경영인과의 협업은 그의 변덕을 성공하는 방향으로 이끌어 지원하고, 빠른 처리에 따른 부작용을 최소화해야 한다. 전문경영인에게 맡겨진 일을 다른 사람이 감시하고 판단할 경우에 감정이 상하지 않는 정신력을 갖추는 것도 필요하다.

실패 사례

섬유유연제 P사의 전문경영인은 명함을 건네주면 6개월 뒤에 받겠다는 말을 듣는다. 그만큼 자주 바뀐다는 이야기다. 전문경영인을 임용하는 것은 협업 계약을 맺는 것과 같다. 오너경영인의 변덕에 따른 해고는 계약 위반이며, 경영 안정성을 크게 훼손한다. 섬유유연제 업계 1위였던 P사는 시장점유율이 50% 수준이었으나 지금은 20% 정도로 하락했다. 매출도 급감해 2010년 1,532억 원에서 2016년 767억 원으로 추락했다.

성공 사례

LG전자의 전문경영인은 1년에 한 번 구본무 회장과 공감회의(Consensus Meeting; CM)를 한다. 지난 1년의 성과와 다음 1년의 계획을 서로 공감하는 회의다. 공감하지 못하면 전문경영인은 구 회장과 협업이 되지 않았다는 뜻이므로 다른 일을 찾아야 한다. LG전자의 전문경영인은 특별한 사유가 없는 한 1년간 본인의 실력을 충분히 발휘할 기회를 갖게 된다. 전문경영인은 계약직이다. 공감회의가 끝나고 구 회장이 식사를 같이 하자고 하면 계약이 연장되는 것이고, "다들 바쁘실 텐데…"하면서 자리를 피하면 계약이 연장되지 않는 경우라고 한다. LG전자의 공감회의는 형태와 명칭은 다르지만 많은 그룹사에 영향을 미쳐서 우리나라 대기업의 전문경영인 인사는 1년에 한 번 하는 것이 보편화되었다.

3. 아는 사람 vs. 모르는 사람

소셜네트워크(SNS)의 원조는 우리나라다. '아이러브스쿨(iloveschool)' 사이트가 1999년 개설되어 가입자가 1년 만에 500만 명이 될 정도로 성공을 거두었다. 우여곡절을 겪은 후 2005년쯤 거의 소멸하는 단계에 들어섰다. 그즈음 '페이스북(Facebook)' 역시 학교를 중심으로 시작되었고, 2016년 기준 전 세계적으로 약 15억 명이 사용하고 있다. 연간 매출은 180억 달러 수준이다.

인터넷 속도가 지금보다 훨씬 느리고 기능이 시원찮았음에도 불구하고 동창을 찾는 '아이러브스쿨'이 처음 등장했을 때 사람들은 그

학생 시절에는 아는 사람들과 하루를 보낸다. 졸업 후에는 모르는 사람들과 지내야 한다.

야말로 열광했다. 많은 사람이 오랫동안 못 만났던 동창을 온라인에서 찾게 되었고, 오프라인 만남으로 이어지게 되었다. 동창이라는 측면에서 아이러브스쿨은 태생적으로 우리나라에서만 성공할 수 있는 모델이었다. 폐쇄형 네트워크였던 것이다. 단순히 어린 시절을 같이했다는 사실은 오랫동안 관계를 지속하는 데 촉매제로 작용하지 못했다.

아는 사람들이기에 '당연한' 것이 너무 많다.

동창 혹은 동문이라는 용어는 우리나라와 일본 정도에서 쓰는 말이다. 미국은 졸업생이라는 단어가 있지만 같이 다녔다는(went to school together) 정도의 의미다. 아이러브스쿨은 동창에 한정된 온라인 네트워크로 점차 피곤함의 대상이 되었다.

학교를 다닐 때에도 친한 친구는 몇 안 되었고, 졸업 후 소식이 궁금한 친구도 그렇게 많지 않았다. 아이러브스쿨 덕분에 반가운 친구를 만나게 되었지만 반갑지 않은 친구도 많이 접하게 된다. 그들의 게시물에 대답하는 것도 차츰 부담이 된다. 몇 번의 오프라인 모임은 추억을 돋게 해주었지만 지속된 만남 역시 어려워진다. '당연히 그래야 하는 것 아닌가' 하는 대화가 생기는 시점부터 슬슬 오프라인 모임은 줄어든다. 온라인 사이트 접속도 안 하게 된다.

'다음소프트'의 빅데이터 분석에 따르면 인터넷에서 '송년회'를 언급하는 횟수가 2014년 7만여 건에서 2017년 3만여 건으로 줄었다고 한다. 이는 사람과의 관계를 부담스러워하는 추세를 반영하는 것일 수 있다.

아는 사람과 하는 일은 알고 있는 만큼만 나온다.

'페이스북' 역시 학교에서 시작되었지만, 아이러브스쿨과는 달리 모르는 사람과의 관계로 인간관계가 넓어지는 구조다. 상대적으로 미국 사회는 우리만큼 동창을 중요하게 여기지 않는다. 취미나 공통 관심사 위주로 온라인 친구를 새로 만드는 것이 중심 활동이다. 반면에 아이러브스쿨은 예전에 알던 사람을 찾기 위한 사이트였음을 기억할 필요가 있다. 우리가 학교를 통해 알아 가는 사람은 수십 명, 아무리 많다 해도 수백 명에 불과하지만, 학교 밖에서 알아 가는 숫자는 수천 명이다. 아이러브스쿨이 절대 페이스북이 될 수 없는 이유다.

블라인드 면접으로 실력 있는 인재를 찾아내는 것처럼 협업할 인재도 그렇게 찾아야 한다.

현재 대학에서 교수를 뽑을 때 일정 비율은 다른 대학 출신으로 채우고 있다. 잘 아는 사람끼리 모아 놓으면 학문이 퇴보하기 때문이다. 여럿이 같이 하는 협업에 모르는 사람이 포함되어야 하는 이유와 같다고 하겠다.

콜라플 팀 만들기

모르는 사람과 어떤 일을 협업해서 시작하기는 현실적으로 어렵다. 결국 아는 사람과 할 수밖에 없는데, 먼저 기본 규칙(ground rule)을 잘 설정해야 한다. 깨지고 나면 당연히 그 친구가 했어야 하는 것 아니냐는 말이 반드시 나온다. 기본 규칙에 없던 사항은 매번 새로 정해야 한다. 그 친구가 해주겠거니 하는 생각이 드는 순간이 실패의 시작점이다.

실패 사례

해충 박멸로 유명한 C사는 오랫동안 이력서에 본적을 쓰게 했다. 부모의 고향도 물었다. 지역별 고객을 만족시키기 위해 임직원의 출신 지역을 골고루 분포시켜 협업이 잘되게 하기 위함이라고 포장한다. 중요한 직무는 공개 채용보다는 비공개 헤드헌팅을 선호한다. 채용 후보를 충분히 알아야겠다는 취지는 나쁘지 않으며 필요한 부분이기도 하다. 그러나 성공적이지 않았음을 높은 이직률로 알 수 있다.

성공 사례

LG전자의 구본무 회장이 전문경영인인 부회장에게 일을 잘하는 직원의 출신 대학을 물었다. 부회장은 출신 대학을 알아야 하느냐고 반문했다. 삼성전자는 출신 대학별, 지역별 모임을 암묵적으로 엄격히 제한한다. 협업에 나쁜 영향을 미치기 때문이다. 세계 클래식 음악계는 서양의 전유물이었고, 그것도 백인과 남성 위주의 무대였다. 블라인드 오디션으로 선발하기 시작하자 많은 여성과 아시아를 비롯한 유색인종에게 무대에 설 기회가 주어졌다.

4. 에쎄와 깜찍이소다

이명박 전 대통령에 대한 유머 중 하나가 "내가 해봐서 아는데…"이다. 안 해본 것이 없었다. 4대강 사업, 자원외교 등 해봐서 아는 여러 일들을 그렇게 했다.

가느다란 담배 '에쎄'는 1996년 11월에 출시되어 20여 년간 애연가들의 사랑을 받아 온 베스트셀러이자 스테디셀러다. 에쎄는 처음부터 잘 팔린 담배는 아니었다. 출시 후 수년 동안 저조한 판매량을 기록해 단종을 고민해야 했던 제품이었다. 그런데 언제부터인가 마케팅부서도 알 수 없는 이유로 판매가 급증하기 시작했다.

에쎄는 원래 여성용으로 기획한 제품이다. 두께가 기존 담배보다 절반 정도로 날렵하게 생겼는데, 한마디로 예쁜 담배다. 판매가 저조한 이유는 타깃층인 여성들이 에쎄를 선택하지 않았기 때문이다. 여성 흡연율이 줄어서 그런 게 아닌가 생각할 수도 있겠지만 흡연율은 큰 변화가 없었다. 마케팅 조사가 잘못된 것이었다. 여성 흡연자에 대한 조사와 연구가 미흡했던 것이다. 상품을 기획할 때 여성 흡연자가 참여하지 않았거나 그들의 의견이 수용되지 않은 것이다.

찾아야 할 협업 인력은 항상 현장에 있다.

선입견은 남성과 여성, 연령을 가리지 않는다.

여성 흡연자는 예쁜 에쎄보다 투박하고 남성적인 이미지의 말보로를 선택하는 경향이 있었다. 여성이니까 담배도 여성스러운 것을 선택할 것이라는 편견과 선입관이 작용한 것이다. 흡연하는 여성이 상품 기획팀에 포함되어 있었다면 즉시 알 수 있었던 가장 중요한 정보를 놓친 것이다. 그러던 어느 날 판매량이 증가했다. 누가 구매했을까?

40대 직장 남성들이 에쎄를 선택하기 시작했다. 40대에 들어서면서 건강관리를 해야 하는데 담배는 못 끊겠고 최소한 줄여야겠다고 생각한 것이다. 그때 눈에 들어온 담배가 에쎄였다. 크기가 절반이다. 흡연량을 50% 줄였다고 스스로 위안을 삼는다. 겨울보다 여름에 매출이 좀 더 올라간다. 얇기 때문에 와이셔츠 주머니에 넣기에 안성맞춤이기 때문이다. 하지만 실제로는 흡연량이 줄지 않는다. 더 깊이 빨아들이고, 끝까지 피우기 때문이다. 흡연은 니코틴 중독이기 때문에 필요한 양만큼 피우게 되어 있다.

1997년 히트상품인 '깜찍이소다'는 어린이를 목표 고객으로 한 청량 음료수다. 이름도 아이들 느낌이다. 용기 모양도 그렇다. 음료의 색깔도 다양하다. 파란색부터 빨간색까지 다른 제품에서 잘 볼 수 없던 이름과 용기, 색깔을 사용했다. 깜찍이소다를 기획할 때는 20대도 얼씬거리지 못하게 했다고 한다. 오로지 10대에 의한, 10대를 위한, 10대의 음료수로 히트상품이 되었다. 만일 이 제품을 만드는 팀에 40~50대가 참여해 의사결정에 영향을 주었다면 히트상품은 나올 수 없었을 것이다. 그들은 파란색 음료를 먹어 보지 못한 세대이기 때문이다.

간식거리는 먹을 사람이 선택해야 하고, 협업팀원은 소속 팀원이 선발해야 한다.

협업을 위해 여러 사람을 모아 놓으면 "그건 예전에 해봤는데 안 되더라" 하는 팀원이 있기 마련이다. 예전에 안 되었다고 지금도 안 될 이유는 없다. 사람이 바뀌었고, 환경과 방법이 변화했다. 반대로 예전에 잘되었다고 지금도 잘될 이유 또한 없다. 깜찍이소다도 영원히 팔릴 것으로 생각했지만 세월이 흘러 어린이가 변화했고 판매량은 줄어 결국 단종되었다. 팀을 구성할 때 다양성은 물론 필요하지만 해봐서 아는 사람은 득이 될 수도, 독이 될 수도 있음을 알고 참여시켜야 한다.

콜라플 팀 만들기

다양한 경험은 꼭 필요하다. 한 번의 개별적인 경험이 모든 것을 대변할 순 없다. 예전에 이미 했던 것을 그대로 하려고 협업팀을 구성하는 것이 아니다. 새로운 시각과, 과거가 아닌 미래를 위한 경험에 초점을 맞추어야 한다.

실패 사례

10년 전 '애플'의 '아이폰'은 모토로라, 노키아, 마이크로소프트 입장에서는 예전에 해본 것이었고 이미 구현한 것들이었다. '스티브 잡스'는 그들이 구현해 놓은 결과물을 조합해서 새로운 쓰임새와 경험을 만들었다. 본인이 홀로 직접 만든 것은 없었다. 스티브 잡스가 직접 한 것은 그의 팀이 협업하게 한 것뿐이었다. 그의 성공은 반대로 타 기업들에게 처절한 실패 사례가 되었다. 누구도 쫓아가지 못했던 공룡 같은 기업 3개가 스마트폰 세계에서 사라졌다.

성공 사례

'배달'을 해봐서 아는 사람은, 배달을 해당 음식점에 시켜야 하는 직접 거래만 가능한 것으로 안다. '배달의 민족'은 사람이 바뀌고 환경이 변화된 오늘의 경험을 새롭게 해석했다. 마트에서 물건을 사듯 배달의 민족은 먹는 것은 무엇이든 배달을 받을 수 있게 만들었다. 2014년 매출 291억 원에서 2017년 1,400억 원(추정)으로 급속히 성장했다. 월간 주문 건수가 2014년 500만 건에서 2017년 1,500만 건으로 세 배 성장했다. 비오는 날 우리 국민은 무엇을 먹는지, 추운 날은 무엇을 먹는지, 강북에서는 무엇을 먹는지, 강남에서는 무엇을 먹는지 배달의 민족은 모두 알게 되었다. 배달과 음식점의 체계적인 협업의 결과다. 최근에 배달 쪽이 좀 더 이익을 많이 가져가는 구조라는 점이 지적되고 있다. 극복되어야 할 과제다.

5. 짬짜면 vs. 양념반/후라이드반

■■■■ 짬뽕과 짜장면 사이에서 고민하는 사람들을 위해 짬짜면이 나왔었다. 한때 열광했지만 요즘은 중국집 메뉴에서 찾아보기 쉽지 않다. 반면에 양념반/후라이드반은 여전히 인기다.

중국집에서 가장 보편적인 먹을거리는 짜장면, 짬뽕, 볶음밥, 탕수육이다. 짬짜면이 유행하면서 볶짬, 볶짜, 탕짜, 탕짬, 볶탕과 같은 반반 음식들이 나왔다. 전용 그릇도 등장했다. 심지어 거기에 탕수육을 추가한 것까지 등장했다. 중국집의 이런 고민은 물냉면과 비빔냉면 사이에서도 생긴다. 유행(fashion)과 트렌드(trend)의 차이일까? 짬짜면은 유행과 같이 시들해졌다. 반면에 양념반/후라이드반은 여전히 효과적인 선택으로 작동하고 있으니 트렌드라고 할 수 있겠다.

짬짜면은 개인의 선택이다.

짬짜면은 개인이 둘 중 어느 것을 먹을까에 대한 고민의 답이다. 처음에는 먹을 만했지만 차차 만족스럽지 못함을 느낀다. 짜장면으로도 모자라고 짬뽕으로도 모자란 것이다. 짜장면을 먹으면서 짬뽕 몇 젓가락을 맛보는 것은 괜찮았는데, 막상 반반으로 나오니 이것도 저것도 아닌 것이다. 짬짜면은 여전히 선택할 수 있지만 많은 중국집 메뉴에서 사라지고 있다.

두 가지를 맛볼 수 있지만 만족스러운 식사는 어렵다. 협업은 맛만 보는 것이 아니다.

양념반/후라이드반은 우리의 선택이다.

닭을 요리하는 여러 방법 중에 '치킨'으로 명명된 음식은 닭과 완전히 다르다. 기름으로 튀긴 닭이라고 하지 않고 치킨이라고 한다. 미국인이 들으면 헷갈릴 것이다. 닭과 치킨이 다른 음식이라니! 탕수육의 세계에는 소스를 부어 먹는 '부먹파'와 찍어 먹는 '찍먹파'가 존재한다. 치킨의 세계에는 '후라이드파'와 '양념파'가 있다. 이 둘의 기 싸움은 치열하다. 싸움을 말리는 방법으로 '반반'이 등장했다. 양념반/후라이드반은 여럿이 함께 먹을 때 선택할 수 있는 훌륭한 대안이다. 보통 1,000원이 더 비싸도 충분히 값어치를 한다. 유행을 넘어 트렌드가 된 이유다.

협업이라는 식탁에는 내가 싫어하는 음식이 반찬으로 나온다.

나를 위한다면 홀로 하거나 대가를 치르고 지원을 받으면 된다. 책을 출판할 때 본인 비용으로 하면 자기 이야기를 마음껏 할 수 있다. 짬짜면과 탕수육 부먹, 찍먹의 선택은 개인의 자유다. 출판사와 공동으로 출판한다면 서로의 의견이 분분해진다. 이것저것 섞어야 하는 상황이 오게 된다. 나를 위한 것과 우리를 위한 것은 곧 드러나게 되어 있다. 우리를 위한 저자반/출판사반의 협업이 필요하다.

콜라플 팀 만들기

문제가 생기면 일시적인 현상인지 지속되는 현상인지를 살펴야 한다. 문제를 해결할 때 특정인에게 편중된다면 아무리 훌륭한 해결책이라도 문제는 지속된다. 피자를 나누어 먹을 때, 나눈 사람이 선택까지 하게 하면 불만을 갖는 사람이 반드시 생긴다. 협업팀의 구성은 나눈 사람과 선택하는 사람을 분리해서 둘 다 불만을 가지지 않도록 해야 한다.

실패 사례

이명박 전 대통령의 짬짜면은 고(고려대)−소(소망교회)−영(영남)으로 나타났다. 박근혜 전 대통령은 수첩이라는 짬짜면 전용 그릇에 담긴 인사로 청와대와 내각을 구성했다. 사람이 아무리 많아도 대통령의 생각 하나만 존재했던 시절로, 다양한 형태의 협업이 전무했다.

성공 사례

2015년 캐나다 '저스틴 트뤼도' 총리가 주니어반/시니어반, 여성반/남성반으로 만든 조화로운 협업 내각은 매우 성공적이었다. 남녀 비율 15:15에 30대부터 60대까지 다양한 연령대로 이루어졌다. 다양한 출신 배경을 지닌 정치 신인을 과감하게 발탁하면서도 거물급 전직 각료들을 곳곳에 배치한 결과였다.

6. 바둑 5급 열 명 vs. 바둑 1급 한 명

바둑 5급 열 명이 힘을 합해도 1급 한 명을 이길 수 없는 것이 사실이다. 우수 인력을 뽑을 때 종종 비유되는 말이다. 1급과 5급으로 구성된 팀에서 이들은 이기고 지는 경쟁자가 아니라 같이 일할 사람들이다.

중견기업이나 중소기업에서는 팀장의 역할이 대기업과 다르다. 대기업은 우수한 인력이 입사하려고 줄을 서지만 중견기업만 해도 우수 인력을 뽑기가 정말 어렵다. 대기업에서는 팀 내에 1급부터 5급까지 다양한 인력이 구성된다. 반면에 중견기업 이하에서는 좀 더 많은 5급 수준의 팀원과 이들을 이끄는 1급 수준의 팀장으로 구성된 경우가 많다. 우수한 신입사원의 지원도 적지만 중견기업 이하의 급여를 대기업 수

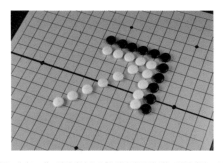

혼자 하는 단식 탁구, 테니스, 배드민턴에서 우승한 사람이 둘이 하는 복식에서도 이기는 것은 아니다.

준으로 올릴 수 없는 상황에서 우수 인력을 기대할 수는 없다. 이런 상황에서는 적정한 대우를 해서 1급 수준의 팀장을 채용하는 방법이 최선일 수 있다. 1급 한 명이 5급 열 명을 이기듯 한 명이 그 팀의 수준을 올려 주길 기대하는 것이다.

팀장과 팀원은 이기고 지는 관계가 아니다.

우수한 팀장은 팀원을 모든 면에서 압도할 수 있다. 실력이든, 성실함이든, 열정이든 그 어떤 것이라도 말이다. 파워포인트와 엑셀을 가장 잘 쓰는 것은 물론이며, 가장 먼저 출근하고 가장 늦게 퇴근한다. 목표를 세우고 추진하는 열정도 가장 앞선다. 팀원에게 그 정도를 기대하기는 힘들다. 실력이 팀장보다 모자라는 것은 물론이고 급여가 적은 만큼 초과근무를 하지 않으려고 한다. 미래가 불투명한 상태에서 목표도 사실상 없다.

팀장과 팀원이 한 번씩 돌을 올려놓는다.

그렇다면 1급 팀장과 5급 팀원이 대결해야 하는 것일까? 아니다. 1급 팀장과 5급 팀원은 차례로 한 번씩 돌을 바둑판에 올려놓는 협력자다. 상대는 경쟁사다. 보고를 할 때는 사장이 상대다. 1급은 5급이 이해할 수 있는 수로 바둑을 두어야 한다. 1급이 묘수를 두어도 5급이 이해를 못 하면 다음 수는 악수(惡手)가 된다. 반대로 5급은 엉뚱한 수를 두어서 판을 깨서는 안 된다. 상대방이 응수해야 하는 선수(先手)를 두어서 1급이 좋은 수를 둘 수 있도록 기회를 만들어 주어야 한다. 팀장은 본인이 하고 싶은 일을 팀원에게 충분히 설명하고 이해시켜야 한다. 팀원은 실수 없이 주어진 일을 잘 끝내야 한다. 이런 과정에서 서로를 이해하고 지원하는 관계를 만들어야 한다.

팀장과 팀원은 서로를 일으켜 주는 협업 관계다.

채용을 위한 면접도 다수의 면접관이 있는 점에서 협업이다. 몇 가지 질문과 답변만으로도 1급의 실력은 금방 알 수 있다. 하지만 5급을 이끌 리더십을 알아보기는 어렵다. 이런 경우 팀장을 채용할 때 팀원을 면접관으로 참여시키는 것은 어떨까?

콜라플 팀 만들기

대기업의 부팀장급을 중견기업에서 팀장으로, 대기업의 팀장급을 중견기업에서 임원으로 채용하는 경우가 많다. 삼성에서 길러진 1급 실력을 활용하기 위함이다. 하지만 우리나라 최고의 기업인 삼성 출신이 중견기업에서 성공적으로 정착하는 것은 쉽지 않다는 것이 업계의 정설이다. 삼성의 성공 DNA는 가져오되 중견기업의 열악한 환경에서 다시 탄생하는 고통이 있음을 미리 인지하고 준비해야 한다.

실패 사례

오로지 한 명의 뛰어난 선수가 있을 때에만 메달이 나온다. 수영의 박태환 선수 이야기다. 대한수영연맹은 박태환 선수가 올림픽 메달을 획득하도록 그저 바라볼 뿐 협업이 전혀 없었다. 1등 선수가 지원을 거의 받지 못하는 환경에서 고군분투하는 모습은 삼성 출신이 중소기업에서 모든 것을 혼자 감당해야 하는 상황과 다르지 않다.

성공 사례

일본은 올림픽에서 메달 획득이 점차 줄어드는 상황이었다. 그럼에도 메달에 집착하지 않고 사회체육에 대한 투자를 꾸준히 했다. 그러면서도 엘리트 체육을 놓지 않아 전체적인 실력을 높이게 되었다. 그 결과, 2016년 리우데자네이루올림픽에서 금메달 12개를 따면서 세계 6위로 올라섰다. 우리나라에서는 쇼트트랙의 1등 노하우를 스피드스케이팅에 접목하는 협업을 통해 지속적인 성과를 내고 있다.

7. 미래와 전략

기업의 경영자는 미래의 먹을거리를 걱정한다. 여유가 없으면 없는 대로 먹을거리를 찾아오라고 틈만 나면 말한다. 웬만하면 '전략'이라는 용어가 들어간 조직을 만들고 임무를 부여한다.

믿는 것은 자유다. 그럼에도 불구하고 지구가 돈다는 사실을 믿는다는 이유만으로 처형을 당하는 시대가 있었다. 17세기 이야기다. 코페르니쿠스, 갈릴레이, 케플러와 같은 과학자들은 그 시절에 이미 알았다. 지구가 둥글다는 사실과 목성에 위성이 있다는 사실을. 그러면서 우주의 중심이 오로지 지구여야만 하는 이유가 없음을 깨달았다. 지금은 누구나 지구가 돌고 있다는 사실을 안다.

집에서 컴퓨터로 뭘 할 거야. 쓸데없는 생각이야.

피처폰에서 스마트폰으로 넘어가는 순간이 있었다. 들고 다니는 전화기에 컴퓨터를 넣어서 뭐에 쓰겠느냐는 사람이 많았다. 컴퓨터 제조업체가 요즘 어려운 이유 중 하나다. 개인용 컴퓨터, 즉 PC가 나올 즈음에는 집에 컴퓨터를 두어서 어디에 쓰겠느냐는 사람도 있었다. 한 쪽은 된다고 하고, 다른 한쪽은 안 된다고 했다.

입지 않는 옷이 옷장에 가득한 것처럼 협업할 때에도 쓰이지 않는 참여자가 있다.

앞일을 예언하듯 말하는 미래학자가 예측한 사항을 되돌아보면 얼마나 맞을까? 영화 〈백 투 더 퓨처(Back to the Future) 2〉에서 미래 로 간 연도가 2015년이다. 하늘을 나는 자동차, 크기가 자동으로 몸에 맞춰지는 옷, 자동 건조와 같은 상상은 아직 먼 이야기다. 떠다니는 스 케이트보드는 실험실에서는 가능하다. 반면에 거실 창문을 대체하는 TV는 현실화되었다. LED, UHD TV로 실현할 수 있게 되었다. 가격이 좀 더 떨어지면 벽 한쪽은 TV로 채워질 것이다. 그러나 손에 들고 다 니는 전화기와 컴퓨터는 상상하지 못했다. 스마트폰의 발상은 〈백 투 더 퓨처〉의 작가보다 훨씬 앞섰다.

미래전략실에 미래가 있나요?

세상은 변하지만 변하지 않을 것처럼 사는 사람이 있기 마련이다. 회사 내에서 '변할 것이다'를 외치는 사람을 모아 보자. 이들이 변하지

않는다고 굳게 믿는 사람들과 전투를 치르는 상황을 피하게 하고, 그
에너지를 모두 변화에 쏟아부어 새로운 무엇을 찾거나 만들게 하면 어
떨까?

표정과 스타일이 다르다고 사람이 다른 것이 아니다. 협업은 혼자 하는 것이 아니다.

　방법은 다르거나 다양할 수 있지만 목적이 다르면 같이할 수 없
다. 서울로 가는 데는 여러 가지 방법이 있다. 이동 수단도 다양하다.
그러나 서울이 아닌 부산에 간다면 전혀 다른 이야기가 된다. 삼성전
자의 미래전략을 수립하고 실행하는 리더들이 모두 문과 출신으로 구
성된 적이 있었다. 같은 색깔끼리 모인 삼성전자 미래전략실의 미래는
어떻게 되었을까? 운영이 잘 되었을까?

콜라플 팀 만들기

　협업팀 내에 전혀 다른 생각을 갖고 있는 사람이 없다면 '한 방에
훅 갈 수 있는 상황' 이 된 것이다. 그들은 완전히 다른 시각으로 이야기
할 것이다. 그들을 격려하면 다른 쪽이 어떻게 돌아가고 있는지 지속적
으로 살펴보면서 정보를 줄 것이다.

실패 사례

'코닥'은 디지털카메라를 처음 만들었지만 기존 시장이 잠식당한 데다 필름 현상이라는 생태계를 놓지 않아 카메라 시장에서 완전히 퇴출되었다. 매장에서 비디오테이프와 DVD를 빌려주는 단순 대여 사업을 하던 '블록버스터 비디오'는 온라인으로 영화를 보는 기술 변화를 무시하는 바람에 파산했다. 블록버스터 비디오의 마지막 기회는 온라인 대여 서비스 플랫폼을 가진 '넷플릭스'와의 협업이었지만 이를 거절했다.

성공 사례

필름 업계의 양대 강자였던 '후지필름'은 디지털 기술로 넘어가는 카메라에서 '패러다임 전환(Paradigm Shift)'의 변곡점을 잡아냈다. 필름을 고집하지 않고 주변 산업과의 협업을 통해 보유 기술력으로 화장품, 의료기기, 건강식품 시장에 뛰어들어 방향 전환에 성공했다. 디지털카메라의 강자였던 '올림푸스'는 스마트폰이 카메라 시장을 잠식하자 보유한 렌즈 기술의 방향을 의료와 산업용 카메라로 돌려 최강자가 되었다.

8. 쿼티와 회전문

중견기업 B사는 조직 개편을 연중행사로 하고 있다. 좋게 보면 급변하는 경영 환경에 대응하는 유연한 조직 운영이라고 할 수 있다. 하지만 명함은 두어 달 있다가 찍는 것이 나을 정도다.

쿼티(QWERTY)자판은 알파벳을 QWERTY 순으로 배열한 자판을 말한다. 이 자판은 수동 타이프라이터에 적용된 방법이다. 자주 쓰는 자판을 모아 두면 편리한데, 문제는 타이핑 때 글쇠가 꼬이는 데 있다. 글쇠가 안 꼬이게 하려고 자주 쓰는 자판들을 멀리 배치한 것이 쿼티다. 수동 타이프라이터 시대를 지나 전동 타이프라이터, 그리고 컴퓨터 시대에 와서는 글쇠가 꼬일 일이 없으므로 과학적으로 배열할 수 있었다. 그러나 자판을 보면서 두 손가락으로 치는 독수리 타법이든, 안 보고 치는 현란한 타법이든, 기존 방법에 익숙한 사용자들은 자판 배열을 변경하는 것에 찬성하지 않았다. 이미 익힌 습관을 바꾸지 않겠다는 것이었다.

한글은 4벌식 자판에서 시작해 2벌식으로 줄었다. 2벌식은 원가 절감 요소가 있었기 때문에 성공적으로 강요되어 공급되었다. 한글의 제자원리(製字原理)에 충실히 따르면 3벌식이 더 과학적이다. 그럼에도 한글 역시 2벌식이 보편화되었다.

협업에 필요 없는 것일수록 엉켜 있는 상태에서 버리지 못하는 것이 많다.

기업에서도 돌고 도는 회전문 쿼티조직이 있다.

　기업 내에서도 이렇게 먼저 자리를 잡은 조직 또는 중요 인물이 있기 마련이다. 기업 환경의 변화에 따라 완전히 새로운 조직을 구성해야 할 시기에 그들은 쿼티 같은 존재로 남는다. 사람을 그대로 두고 조직 구성을 새로 하니 기형적인 모습이 나온다. 얼핏 잘 굴러가는 것처럼 보인다.
　쿼티자판이라고 타이핑이 안 되는 것은 아니다. 하지만 기업의 외부 환경은 계속 변화하기 때문에 이로 인한 조직 변경이 다시 요구된다. 조금 다른 모습의 쿼티조직이 생겨나는 것이다. 이로 인해 여전히 비효율이 발생한다. 다시 조직 개편을 해야겠다는 생각이 든다. 1년 내내 이런 식으로 진행된다. 본질적으로 쿼티가 그대로인 회전문 인사가 이루어지는 것이다.

사람이 아니라 조직이 한다.

모든 것은 결국 사람이 하는 것이고 사람이 가장 중요하다. 그렇기 때문에 사장의 가장 중요한 업무는 사람을 뽑는 것이다. 그런데 오로지 사람만 중요하다면 뽑은 사람이 나갈 경우 관련된 일도 끝난다. 사장이 원하는 모습일까? 사장은 어느 누가 있어도 회사가 잘 돌아가길 바랄 것이다. 이를 위해서 사장은 여럿이 같이 하는 협업을 조직화하고, 여럿 중 하나가 없어도 작동되도록 해야 한다.

냉난방 효과가 있는 회전문은 종종 환기를 시켜야 하듯이
협업할 때도 가끔은 시원한 공기를 마시게 해야 한다.

콜라플 팀 만들기

기업의 문제를 해결할 때는 조직적 관점, 인력적 관점, 기술적 관점 등으로 접근할 필요가 있다. 조직적 관점으로 파고들어 새로운 조직으로 대응할 때에는 우선 조직을 그려야 한다. 특정 사람이 끼어들면 기형적인 모습이 나오기 쉽다. 특정 사람을 위한 협업팀 구성은 좀 더 효과적, 효율적으로 작동할 수 있는 기회를 놓치게 할 뿐이다.

실패 사례

쇼트트랙 경기는 우리나라에서 1등을 하기가 세계에서 1등을 하는 것보다 어려운 종목이다. 감독이 고민스러울 때는 국내에서 펄펄 날던 선수가 세계 무대에 가기만 하면 실력 발휘를 못할 때다. 감독은 과감하게 국내 3등을 대표선수로 선발한다. 워낙 출중한 선수가 많아서 감독이 여러 사항을 고려해 뽑았다. 선수들도 이번에는 내가, 다음에는 네가 한다는 식으로 경기에 임한 경우도 있었다. 한때 그랬는데 성적은 추락했다. 좋은 것과 나쁜 것을 구분하지 않는 원칙 없는 협업은 성과보다 비용만 지출하게 된다.

성공 사례

양궁에서도 감독의 고민은 앞의 쇼트트랙 경기와 마찬가지다. 감독은 세계 무대에 강한 국내 3등을 뽑고 싶은 유혹에 흔들리지만 다른 요소를 감안하지 않고 오로지 성적으로만 선발한다. 국가대표를 선발하기 위해 성적 외에 다른 요소는 전혀 고려하지 않는다. 아무도 이의가 없으며, 성적은 최상을 유지한다. 좋은 것과 나쁜 것을 구분하는 원칙 있는 협업이다.

혼자 할 수 있는 일이 점점 줄고 있다. 같이 해야 한다. 모든 일은 팀을 구성하는 것에서부터 시작된다. 좀 더 효과적, 효율적으로 목표를 향해 뛸 수 있는 팀은 어떻게 구성해야 할까? 팀원의 특성과 성향을 고려해 묶어 주고, 이들에게 창업자의 에너지를 불어넣어야 한다.

또한 다른 의견도 수용할 수 있는 개방적인 팀이어야 하지만, 때로는 특정 사안별로 집중하는 것도 필요하다. 내 선택보다 우리의 선택이 우선이어야 하지만, 리더를 따라야 할 때는 성심껏 지원해야 한다. 미래는 익숙하게 잘 아는 방법으로 다가오지 않는다.

지금까지 잘해 왔다고 해서 미래에도 매번 잘할 것으로 쉽게 생각해서는 안 된다. 팀을 구성하는 것만으로도 이렇게 생각이 많으니 시작하기가 힘든 것이다.

2장

무엇을 할 것인지
정하는 것에서 시작된다

따르는 사람이 없음을 탓하지 말고
이루게 할 그것이 없음을 두려워하라

1. 테슬라 vs. 현대차 · 삼성 · LG

■■■ 미국 '테슬라'의 '모델 3'가 대박을 터뜨렸다. 블루오션을 찾은 것이다. 아니 만든 것이다. 2020년 즈음이면 유럽부터 내연기관으로 움직이는 자동차가 생산되지 않는다. 우리가 테슬라를 이기려면 자동차 회사, 정부, 국민이 무엇을 해야 할 것인가?

우리나라에 블루오션이 소개되면서 블루오션 찾기가 유행처럼 번진 적이 있었다. 프랑스 유럽경영대학원 '인시아드'의 김위찬 교수와 '르네 모보르뉴' 교수가 1990년대 중반에 가치혁신(value innovation) 이론과 함께 제창한 기업경영전략론이다. 블루오션(blue ocean, 푸른바다)이란 수많은 경쟁자들로 우글거리는 레드오션(red ocean, 붉은바다)과 상반되는 개념으로 경쟁자들이 없는 무경쟁 시장이다.

새로움은 언제나 발상의 앞뒤가 바뀔 때 나온다.

새로운 시장은 차별화와 저비용을 동시에 추구함으로써 기업과 고객 모두에게 가치의 비약적 증진을 기대하도록 하는 시장이다. 다른 기업과 경쟁할 필요가 없는 무경쟁 시장이기도 하다. 기존의 치열한 경쟁 시장 속에서 시장점유율을 확보하기 위해 애쓰는 것이 아니라 매력적인 제품과 서비스로 자신만의 독특한 시장, 곧 싸우지 않고 이길 수 있는 시장을 만들어 내는 전략을 말한다. [두산백과사전 인용, 수정]

블루오션에서 우리가 깨닫는 것은 '발상의 전환'이다. 거기에 대박이 터지는 시장이 있었는데 왜 그것을 생각하지 못했느냐는 것이다. 많은 기업이 신규 사업을 통한 성장을 도모한다. 신규 사업은 블루오션을 의미했다. 많은 사업자로 하여금 경쟁 없는 매력적인 시장을 찾아 헤매게 했다. 결과는 어땠을까? 쓸 만한 사람은 이미 결혼했다는 미혼들의 푸념처럼 쓸 만한 시장은 이미 누군가 선점한 경우가 대부분이었다.

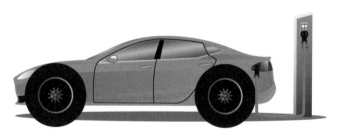

전기차를 구입할 때 고민은 충전이다. 테슬라는 무료 충전을 제공한다.
협업에는 언제나 극복해야 할 걸림돌이 있다.

블루오션은 목적이 아니라 과정의 산물이다.

블루오션이 있다 하더라도 그곳 역시 어려움은 산적해 있다. 소금기 있는 바닷물에서 먹고 먹히는 삶을 살다가 강물 '블루오션'과 바다 '레드오션'이 만나는 민물 근처에 가보니 먹이는 많고 나를 잡아먹는 천적은 없다. 당장 가고 싶다. 그러나 삼투압은 어떻게 할 것이며, 빠른 물살은 어찌할 것인가? 물가 '레드오션'에서 땅 위 '블루오션'을 바라보니 역시 먹이는 많고 나를 잡아먹는 천적은 없다. 그러나 땅에서 어떻게 움직일 것인가? 다리가 없는데 말이다.

본업과 전혀 관계없이 성공할 수 있는 블루오션은 거의 없다. 자기 자리에서 경쟁력을 높이는 것이 최우선이다. 강화된 경쟁력을 새로운 시장에 접목하는 외연 확대 전략이 필요하다. '3M'의 '포스트잇', 비아그라, 보톡스 시장은 처음부터 블루오션이 아니었던 것처럼 말이다. 본업에 충실해서 열심히 하다 보니 생겨난 부수입 같은 시장이었다. 블루오션을 찾고 싶으면 지금부터라도 힘이 들더라도 본업의 '레드오션'을 다시 들여다봐야 하는 것이 아닐까?

시원한 블루오션을 찾으면 좋겠지만 대부분의 협업 성과는
약간 개선된 '퍼플오션'일 경우가 많다.

CDMA를 해낸 것처럼 전기차도 해보자.

그렇게 들여다본 자동차 시장에 새로운 블루오션이 밀려오고 있다. 전기차다. 테슬라를 쳐다보기만 할 이유가 없다. 현대자동차와 기아차동차는 전기차를 만들고 정부는 전기 충전 인프라를 갖추어야 한다. 바로 지금 해야 한다. 협업은 이럴 때 효력이 발휘되는 것이다. 이동통신에서 만든 CDMA의 신화는 산업계와 정부의 협업으로 탄생했다. 거기에 국민의 열광적인 지원이 함께했다. 자동차에서도 그때의 신바람을 다시 한 번 살려 합심할 때가 오고 있다.

콜라플이 할 것 정하기

테슬라의 주가가 GM과 포드보다 높다. 미래가 있기 때문이다. 실현 가능하다고 본다는 증거다. 이루기 어려운 목표를 신바람으로 달성한 예가 우리에게도 많다. 신바람은 현재만을 지킬 때 나오지 않는다. 협업팀에는 새로운 목표가 주어져야 한다.

실패 사례

우수한 기능으로 시장을 선점했던 SKT의 '네이트온'은 '카카오톡'에 밀려 시장점유율이 그야말로 안쓰러울 정도다. 역시 SKT에서 주도한 문자메시지 서비스 '조인'도 문을 닫았다. 음성 통화에서 문자와 이미지로 소통하는 세대 변화를 감지하지 못한 결과다. 음성 통화와 문자 소통의 협업이 필요한 시점이다.

성공 사례

'카카오톡'이 국내 시장을 석권했지만 해외 진출은 전혀 이루어지지 않고 있다. 반면에 네이버의 '라인'은 일본 시장을 석권했으며, 동남아에서도 시장점유율을 높이고 있다. 문자메시징 시장 자체는 레드오션이지만 지역적으로 블루오션을 찾은 것이다. 라인은 기업용 서비스와 협업해서 '라인웍스'로 발전하고 있다.

2. 과학 vs. 엿장수 마음대로

■■■■ 대기업 구매 담당 C상무는 적정 구매량이 고민이다. 주문은 영업부서의 요청에 따라 하는 것인데, 어처구니없게도 재고가 쌓이면 구매팀의 책임이 된다. 적정 주문량을 위해 온갖 과학적 방법을 사용해도 늘 남거나 모자란다.

문제를 하나 풀어 보자.

- 공원의 매점에서 우유를 판다.
- 우유는 빨리 변질되므로 오늘 주문한 우유를 못 팔 경우 당일 폐기처분을 해야 한다.
- 지난 한 주 동안 다음과 같이 판매되었다.
  - 첫째 날 2개, 둘째 날 7개, 셋째 날 3개, 넷째 날 2개, 다섯째 날 4개, 여섯째 날 6개.
  - 많게 또는 적게 팔리는 추세가 없고 날씨 등 특별한 이유도 없었다.

이런 판매 상황에서 적절한 주문량은 몇 개일까?

이익의 극대화는 중간이 아니라 양쪽 끝에서 나온다. 협업의 목표가 평균을 찾는 것은 아니다.

평균은 언제나 답이 되는 것인가?

이 문제를 해결하기 위해 영업 – 구매 담당을 협업하도록 팀을 구성해 본다. 마땅한 해답이 없는 상황에서 주문시간이 다가온다. 대체로 평균값인 4개를 답하는 사람이 가장 먼저 나타난다. 가장 쉬운 방법이다. 평균을 쓸 때는 반드시 함께 고려해야 할 것이 있다. 편차다. 평균값이 각 변수와 얼마나 떨어져 있는지를 봐야 한다.

공원 매점에서 평균인 4개를 주문하면 사실 매일 손해가 발생한다. 첫째 날은 2개를 못 팔고 폐기했으므로 손해이고, 둘째 날은 3개를 팔 기회를 놓쳤으므로 손해, 다섯째 날만 제외하고는 나머지도 각각 1개, 2개, 2개가 손해다. 각각 편차가 있기 때문이다. 매일 4개만 팔린다면 문제가 없지만 항상 편차가 있기 때문에 골치다. 평균은 거의 매일 손해인데 어떻게 선정해야 할까? 손해를 줄이려면 가장 많이 관측되는 수, 즉 주어진 값 중에서 가장 자주 나오는 값인 최빈값을 선택하면 그나마 손해를 최소화할 수 있다.

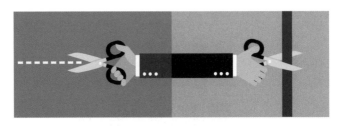

판매를 극대화하기 위한 엿장수의 유연한 시장 대응은 협업 리더의 자세 중 하나다.

'주인 마음대로'는 엿장수만이 아니다.

그럼 최빈값이 정답일까? 정답은 '매점 주인 마음대로'다. 매점 주인이 소극적으로 실질적인 손해를 안 보려 한다면 폐기처분이 안 되도록 주문하면 된다. 적극적으로 벌려 한다면 좀 더 많이 주문하는 것이 맞다. 그 대신 매점 주인은 좀 더 많이 팔기 위한 방법을 개발해야 한다. 날씨, 행사 여부 등을 고려한 과학적인 예측도 필요하지만, 가장 중요한 것은 매점 주인의 이루고야 말겠다는 '기업가 정신(entrepreneurship)'이다. 가장 많이 팔린 날을 기준으로 주문하고, 안 팔리면 끼워 팔기, 할인 판매 등을 통해 소화하는 것도 방법이다. 여럿이 함께 할 때도 가치 있는 무엇을 이루고야 말겠다는 의지가 있어야 한다.

> **콜라플이 할 것 정하기**
>
> 목표는 가치다. 가치는 강요될 수 없다. 공감하지 않는 가치를 이루기 위해 출근하는 하루하루는 지옥과 같다. 가치를 중시하면 자발성이 따라오고 숫자는 결과물이 된다. 공감에 바탕을 둔 가치를 스스로 만들고 있는 협업팀에는 관리 감독이 필요 없다.

실패 사례

'노키아'는 스마트폰에 대한 오판으로 위기가 닥쳤을 때 인력 감축을 가장 먼저 결정했다. 'H자동차'는 IMF 위기 때 해고통지서가 든 노란 봉투를 돌렸다. 노동조합이 강성화하는 계기가 되었고 거의 매년 파업을 하고 있다. 위기에 직면했을 때 함께 극복하는 협업보다 이들은 각자도생(各自圖生)을 선택했다.

성공 사례

일본의 '마쓰시다 전기'는 한때 재고가 넘쳐나 경영위기에 빠졌었다. 비용 절감을 위해서는 인력 감축이 가장 쉬운 해결 방법이었다. 그러나 한 사람도 해고하지 않았다. 대신 모든 사원의 영업력을 배가해 위기극복 의지를 불태웠다. 창업자 '마쓰시다 고노스케'가 해온 협업이다.

3. 진짬뽕 vs. 신라면 블랙

■■■■ *2011년, 설렁탕 한 그릇의 영양을 담았다며 가격을 두 배가량 올린 '신라면 블랙'이 출시되었다. 라면 시장의 25%를 점유한 '국민라면'이 빨간색이건 검은색이건 간에 가격을 두 배로 올렸다고 국민적 분노를 샀다.*

'신라면 블랙'이 비싸게 느껴진다면 그냥 신라면이나 다른 회사의 라면을 먹으면 된다. 다른 라면도 많은데 굳이 그것을 먹을 필요는 없다. 독점 상품도 아닌데 말이다. 아무튼 국민은 '신라면 블랙'이 출시되자 분노했다. 국민적 조사가 뒤따랐다. 설렁탕의 영양을 담았다고 했으니 증명이 필요했다. 하지만 라면 스프에 설렁탕 한 그릇의 영양이 들어갈 순 없었다.

이렇게 국민적 저항에 부딪힌 신라면 블랙은 그렇게 해서 결국 실패한 라면이 되었다. 그 사태로 인해 프리미엄 라면은 나오면 안 되는 것처럼 여겨졌다. 그런데 우리에게는 쉽게 잊어버리는 DNA가 있기라도 한 것일까? 1년 후 여전히 두 배가량 비싼 신라면 블랙이 시장에 다시 출시되었고, 이제는 프리미엄 라면으로 자리를 잡아 가고 있는 상황이다.

생존부등식: 가치(value) > 가격(price) > 원가(cost)

서울대학교에서 오랫동안 교편을 잡은 윤석철 교수는 생존부등식에서 '신라면'을 예로 들었다. 라면의 조상인 국수의 종주국은 중국이고, 라면은 일본에서 만들어진 식품이다. 그럼에도 불구하고 봉지라면은 우리나라 신라면이 세계 1등이다. 신라면은 가치(value)보다 가격(price)이 싸다. 라면 한 끼의 가치는 사람마다 다르겠지만 대략 3,000원 정도 한다. 김밥 한 줄 가격이 2,000원 정도이기 때문이다. 신라면의 가격은 1,000원 정도다. 시장에서 팔리는 핵심 요인이다.

신라면 블랙은 영양을 더하고, 더욱 고급스럽게 만들었다. 원가가더 투입되었으니 가격이 올라야 한다. 그러나 신라면 블랙의 가격이두 배가량 오를 때 그 가치는 살짝 올라간 것이다. 만일 신라면 블랙의 가치가 5,000원쯤 되었다면 가격이 2,000원이 되어도 문제가 없었을것이다. 우리 국민에게 라면의 가치는 레드이든 블랙이든 3,000원 정도에 머물고 있다고 보아야 할 것이다.

새로운 가치를 찾아내는 협업에는 우여곡절이 있기 마련이다.

포장을 바꿔도 본질은 변하지 않는다.

2015년 11월에 '오뚜기'가 내놓은 '진짬뽕'이 공전의 히트를 쳤다. 출시 몇 개월 만에 라면 시장에서 세 번째로 많은 판매량을 기록한 것이다. 이럴 수가! 고가 정책도 먹힌 것이다. 진짬뽕을 선택하는 데 가격은 문제가 되지 않았다. 진짬뽕은 라면이 아니라 짬뽕으로 포지셔닝했기 때문이다. 굵어진 면발, 짬뽕의 풍미 등 품질은 각자 생각하기 바란다.

기본적으로 짬뽕의 가치는 라면보다 좀 더 위에 있다. 어느 곳에서나 짬뽕은 라면보다 비싸다. 윤석철 교수의 생존부등식에 의하면 적정한 가격일 수 있는 것이다. 반면에 새로운 라면을 만든다는 생각에서 출발한 하얀 라면 '꼬꼬면'은 잠깐의 유행에 그치고 말았다. 이렇게 새로운 가치를 만든 진짬뽕은 시장에서의 인기가 길게 갈 것으로 기대된다. 전통의 1등 라면과 달리 프리미엄 라면은 성공보다 실패가 많다. 라면의 스프를 아무리 고급스럽게 만들어도 고객의 머릿속에 라면은 그저 라면일 뿐이기 때문일 것이다.

프리미엄 가치를 만들려면 협업도 프리미엄급으로 해야 한다.

실패 사례

지지율이 떨어지고 선거에 지면 본질은 그대로인 채 당명만 바꾼다. 정신을 차리지 않으면 한 방에 훅 간다던 '새누리당'은 한 방에 가서 '자유한국당'으로 이름을 바꾸었다.

성공 사례

대부분의 소프트웨어 개발자는 용역비를 받고 프로그램을 만든다. 산출물의 소유자는 돈을 준 발주자가 된다. 본인이 만든 소프트웨어를 판매할 경로도 적지만 통신사를 통해 팔아도 이윤의 80%는 통신사가 갖는 구조였다. '애플'은 '아이폰'에서 쓸 수 있는 소프트웨어 개발자에게 이윤의 70%를 나누어 주었다. 소프트웨어 개발자가 열광했고, 다양한 서비스가 나오게 되었다. 만든 사람이 주인이 되는 협업으로 본질적 변화를 이루었던 것이다.

4. 3, 5, 7 vs. 4, 6, 8

성공하면, 양쪽을 다 잡은 틈새전략에 새로운 시장이라고 한다. 실패하면, 이것도 저것도 아니라고 할 것이다. '삼성자동차'의 'SM6'는 어떻게 될 것인가?

현대자동차의 '아슬란'은 '그랜저'보다 좋은 사양을 원하지만 '제네시스'가 부담스러운 고객을 목표로 나온 차다. 달리 말하면 그랜저보다 비싼데, 제네시스보다 못한 차일 수 있다. 이것도 저것도 아닌 셈이다. 늘 그렇듯 성공하면 틈새전략이 성공했다고 한다. 아슬란은 이것도 저것도 아닌 차가 되었고, 결국 2017년 말에 단종되었다. 자동차 작명을 숫자로 하는 대표적인 차는 'BMW'이다. 3, 5, 7로 포지셔닝한다. 우리나라에서는 삼성자동차가 이를 따라 했다. SM3, SM5, SM7이다. 기아차는 K시리즈로 그 뒤를 이었다.

닛산이 만든 삼성자동차는 5 + 급이다.

1998년에 출시된 1세대 'SM5'는 '소나타'급이지만 소나타보다 조금 더 좋은 차로 인식되어 대성공을 이루었다. 삼성그룹에서 임원으로 승진되면 영업사원이 "차 바꾸셔야죠"라는 애교 있는 강매도 가능한 시절이었다. SM은 'Samsung Motors Model'이라는 의미인데, 삼성(S)이 만든(M) 이미지로 시장에 침투했다. 삼성이 우리나라에서 가장 실력 있는 기업이라거나 그래서 뭔가 다르지 않겠느냐는 생각을 하는 고객도 있었을 것이다.

그러나 사실은 삼성이 만든 자동차라서 성공한 것이 아니고 일본이 만든 차이기 때문에 성공한 것으로 보아야 한다. '닛산'이 만든 차를 거의 그대로 가져왔기 때문이다. 삼성이 직접(!) 만든 2005년에 출시된 2세대와 2010년의 3세대는 1세대보다 성공적이지 못했다.

사고는 늘 일어날 수 있다. 성공적인 협업의 유효기간은 영원하지 않다.

SM6 가격으로 SM6 품질은 누구나 만든다.

후속 차가 미진한 상황에서 SM5의 명성도 여전하지 않았다. 5의 가치는 소진되어 버렸다. 고민 끝에 6를 만들었을 것이라고 생각된다. 아슬란의 실패도 보았고, BMW6의 판매량도 아른거렸을 것이다. 삼

성은 '6'의 가치를 만들기로 최종 결정을 했다. 다행히도 고객의 반응
은 아직까지는 괜찮아 보인다. 잘 팔리면 성공 사례가 된다. 소나타보
다 좋은 사양을 원하지만 그랜저는 부담스러웠던 고객이 반응했다. 사
양도 소나타보다 좋지만 가격도 소나타보다 비싸졌다. 과연 어떻게 될
까? 시장에서 성공하면 틈새를 잘 공략했다고 할 것이다. 잘 안 되면
아슬란과 같은 처지가 될 것이다. 5와 7을 적당히 섞어서 6를 만들면
성공할까? 애매한 상황이 될 수도 있고, 이것도 저것도 안 될 수 있다.
6가 성공적이면 SM은 3, 5, 7은 포기하고 4, 6, 8으로 가는 것이 맞겠
다. 독일 차 '아우디'도 짝수로 나가고 있으니 말이다.

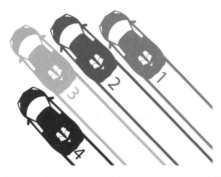

협업과 달리 사업에서는 결과적으로 잘되면 성공 요인이고, 잘 안 되면 실패 요인이다.

콜라플이 할 것 정하기

   미지근한 물을 좋아하는 사람이 있다. 필요한 경우도 많지만 식당에
서 나오는 물은 대부분 찬물이면 찬물, 더운물이면 더운물이다. 미지근한
것은 일시적이고 한정적이다. 협업팀에 애매한 목표를 주어서는 안 된다.

실패 사례

소주와 맥주를 섞어 먹는 '소맥'이 유행하자 맥주의 알코올 도수를 높인 '카스레드(Cass Red)'가 출시되었으나 시장에서 사라졌다. '소맥'은 소주와 맥주를 섞는 재미가 포함되어 있다. 단순히 알코올 도수를 높인 카스레드는 시장을 잘못 판단한 것이다. 레드와인과 화이트와인의 중간 색깔인 로제와인과 하인즈가 만들었던 살사 스타일의 케첩은 이것도 저것도 아닌 제품이다. 레드와인이나 화이트와인과 살사 스타일의 소스가 많이 팔린다 한들 레드와인을 화이트와인과 섞어 먹지 않고, 케첩을 살사처럼 먹지 않았던 것이다. 단순히 더하는 것은 협업이 아니다.

성공 사례

2014년 12월 가구·생활용품 업체인 스웨덴의 '이케아(IKEA)'가 경기도 광명시에 첫 매장을 열었다. 이케아는 '가구공룡'이라고 불리며 연간 매출이 40조 원에 육박하는 글로벌 가구 기업이다. 이케아는 고객들에게 DIY(do-it-yourself, 소비자 제작 상품) 가구를 비롯해 생활용품과 인테리어 소품 등을 함께 제공하는 것이 특징이다. 세계적인 대형 가구점의 등장으로 국내 가구 기업들이 경쟁력을 잃고 도태될 수 있다는 우려가 많았는데, '한샘'은 이케아가 등장하자 고객만족에 집중했다. 이케아가 스스로 만든다면 한샘은 직접 조립해 주고 설치해 주는 종합 서비스를 오히려 강화했다. 이케아가 등장한 다음 한샘의 매출과 영업이익이 30%가량 증가했다. 위기 앞에서 판매와 설치가 절실하게 협업해 얻은 결과다.

5. 투자 vs. 투기

■■■■ 기업은 성장해야 한다. 임직원의 입장에서도 정체는 퇴보를 의미한다. 매출이 늘지 않으면 승진 기회도 없어진다. 연봉 인상도 당연히 기대하기 어렵다. 성장하기 위해서는 투자를 해야 한다. 중견기업 B사도 투자할 곳을 열심히 찾고 있지만 좀처럼 실행이 안 되고 있는 것이 고민이다.

중견기업 B사는 지금 하고 있는 사업 영역에서 1위다. 고민은 현재의 사업이 더 이상 성장하지 않고 있다는 것이다. 20여 년 사업을 지속했으므로 이른바 '경험곡선'에 의하면 원가가 많이 떨어져서 수익률은 좋아져야 한다. 그런데 현실은 정반대로 나타나고 있다. 판매 가격은 그대로인데 원가율은 점차 올라가서 수익률은 점점 0(zero)에 수렴해 간다. 임직원도 걱정이다. 날이 갈수록 영업 환경이 나빠지고 있다. 그동안 우위에 서 있던 기술력은 경쟁사가 바짝 따라왔다. 8년 전에 납품한 설비는 고장도 나지 않는다. 4년 전에 교체하고 금년에 두 번째로 교체했어야 하는데, 아직도 잘 쓰고 있다. 아마 2년은 더 사용할 수 있을 것 같다.

신규 투자는 10개 중 한두 개만 성공해도 훌륭하다?

　신규 사업을 찾지 않으면 안 될 절체절명의 시기다. 임직원이 찾아 오는 투자할 만한 사업은 잘될 수도 있지만 잘 안될 것 같은 요소가 더 많다. 퇴짜를 맞기 일쑤다. 찾아온 사람의 속마음은 이렇다. "10개 중 한두 개만 되어도 성공적인 것 아닌가요?"

협업의 성공을 위해서는 화초에 물을 주듯 지속적으로 관심을 보여야 한다.

　10개 중 한두 개만 성공할 수준이 적정한 투자일까? 성공 확률이 10%대라면 투자라기보다는 투기에 가깝다. '투기'는 부동산 쪽에서 많이 쓰이는 용어다. 부동산 투기는 단순히 자본차익을 얻기 위한 목적으로 부동산을 구입하는 것이다. 보유 기간 중에 부가가치를 증진시키는 아무런 행위를 하지 않고 불로소득을 얻고자 할 때 투자가 아닌 투기라고 한다. 임직원이 찾아 온 사업에 팀원이 부가가치를 추가할 수 있을 때는 투자라고 할 수 있다. 성공률과 관계없이 말이다. 단지 인수하는 것으로 이익을 증진시킬 것을 기대한다면 사업 투자라기보다 사업 투기다.

M&A(기업의 인수·합병)가 어려운 것은 사는 사람과 파는 사람의 가격 차이 때문이다. 가치(valuation)를 따져 보니 100 정도가 적정해 보인다. 하지만 파는 사람은 120 정도를 부른다. 이윤이 있어야 하기 때문이다. 반대로 사는 사람은 80 정도를 부른다. 100을 100 주고 사느니 내가 직접 만들면 된다고 생각하게 된다. 40이 차이 난다. 접점을 찾기 어려운 이유다.

사서 내 것으로 만들려면 몇 배의 노력이 필요하다.

사는 사람은 파는 사람이 더욱 곤궁해지길 기다린다. 가격이 내려갈 테니 말이다. 그만큼 가치도 떨어지겠지만 그렇게들 많이 한다. 내려갈 때까지 내려간 것은 아무도 사지 않기 때문이기도 하다. 하지만 그 즈음에서 사온 사업은 잘되기 어렵지 않을까? 구글, 페이스북 같은 글로벌 기업에서는 깜짝 놀랄 가격으로 사업을 인수한다. 투기가 아니라 투자하는 것이다. 그들은 부가가치를 더해서 100을 200으로 만들 수 있을 때 투자한다.

한 번에 협업으로 완전한 성공을 바라는 것은 투기와 같은 마음가짐이다.

부가가치를 얻으면 투자가 잘된 것이다. 추가하는 가치도 없이 이익만을 내겠다면 투기다. 도박은 없는 위험을 만드는 것이다. 시간을 때워야 하는 두 사람이 가위바위보를 해서 이기면 '꿀밤'을 한 대 때리기로 한다. 없던 위험을 만든 것이다. 카지노에서 배팅을 하는 것은 투자는 물론 투기도 될 수 없다. 없는 위험을 스스로 만들어서 내 것을 거기에 주고 나오기 때문이다. 간혹 한두 번 딸 때도 있지만 계속하면 결국 무일푼이 된다. 본인이 위험을 만든 것이다. 우리가 시작하려는 것은 가치 있는 무언가를 만들고자 하는 것임을 잊지 말아야 하겠다.

> **콜라플이 할 것 정하기**
>
> 우리가 그 사업에 어떤 가치를 심을 수 있는지를 찾는 것이 투자의 시작이어야 한다. 남의 것을 내 것으로, 내 것을 남의 것으로 만드는 뼈를 깎는 과정을 통과한 가치 있는 협업이어야 의미가 있을 것이다. 그런 노력이 추가되지 않는 것은 투자가 아닌 투기인 것처럼 협업이 아닌 단순한 분업이다.

> **실패 사례**
>
> 1600년대 중반 네덜란드에서는 새로 수입된 터키산 아름다운 튤립이 큰 인기를 끌었다. 그로 인해 튤립의 사재기 현상이 벌어졌다. 꽃이 피는 미래의 시점에 특정한 가격으로 매매하는 현재의 선물거래까지 등장했다. 그러나 계속 오를 것만 같았던 튤립 가격이 어느 순간 하락세로 반전되었다. 그러자 팔겠다는 사람만 넘쳐나며 결국 거품이 터지고 말았다. 튤립에 부가가치를 더한 것이 없는 투기였다. 부가될 가치가 무엇인지도 모른 채 부동산, 주식, 금, 비트코인을 사놓고 무작정 기다리고 있

다면 튤립을 갖고만 있는 것과 같을 수도 있다.

성공 사례

SK는 안정적인 수익원을 갖고 있던 사실상 정부 소유의 정유 회사와 이동통신 회사를 인수하면서 크게 성장했다. SK에너지와 SK텔레콤은 인수 전부터 국내 1등이었지만, 하이닉스는 삼성에 이어 국내 2등으로 세계 시장에서 무한경쟁에 뛰어들어야 하는 처지였다. SK하이닉스에서 새로운 부가가치를 만들지 못하면 그룹 전체가 휘청거릴 수 있는 상황이었다. 그런데 2012년 인수 시점에 2만 원대였던 주가가 2017년 7만 원대가 되었다. 시장은 SK의 협업으로 부가된 가치가 세 배 커졌다고 인정한 것이다.

    대박이 터지기를 원한다. 꿈부터 꾸어 본다. 남의 것이 커 보여서 내 것을 키우려니 힘이 나지 않는다. 그럼에도 나의 영역부터 살펴보고 실력을 길러야 하겠다.

    이루어야 할 목표는 기술이나 과학에 있지 않다. 우리의 의지에 달려 있다. 때로는 엿장수같이 마음껏 목표를 세워 보자. 우리가 보유한 제품을 다른 모습으로 생각해 보자. 동일한 시장에 예전과 비슷한 이미지로는 새로운 시장이 열리지 않는다. 대박을 원하면 대박이 될 수 있는 투자를 해야 한다. 이것저것 하는 것은 투기인 데다 없는 위험을 만드는 도박이지만, 투자는 매일 생각하고 실행해야 하는 것이 필수다.

3장

첫걸음을 인정해야
내딛을 수 있다

성과가 작음을 탓하지 말고
의미 없는 성과를 두려워하라

1. 고속버스와 정속 주행

고속도로에서 과속 운행을 하는 차량은 두 부류다. 바쁜 운전자와 나쁜 운전자다. 고속버스는 바쁜 운전자였다. 그런데 어느 날부터인가 고속버스의 과속이 눈에 띄게 줄었다.

심야 고속버스를 타면 가끔 당황스러울 때가 있다. 생각보다 너무 빨리 도착하는 것이다. 늦는 것도 아니고 일찍 도착하는 것이 뭐가 문제냐고 할 수도 있을 것이다. 그런데 심야 고속버스를 탈 때는 도착 시간을 대개 첫 버스나 지하철이 다닐 시간에 맞추는 등과 같이 다음 이동 계획을 미리 세운 경우가 많다. 그렇게 해서 심야 고속버스를 타고 출발을 했는데 예정보다 빨리 도착하면 어떻게 될까? 춥거나 덥거나 혹은 청소하기 전에 깨끗하지 못한 터미널에서 속절없이 대기해야 하는 일이 생기게 마련이다.

고속버스 기사 입장에서는 물론 조금이라도 일찍 도착하는 것이 좋을 것이다. 그 시간만큼 쉴 수 있기 때문이다. 또한 대부분의 승객이 요구하는 데 부응하는 것이기도 하다. 그러나 그만큼 위험을 안고 과속으로 달려왔다는 것을 잊어서는 절대 안 된다. 하나 더 있다. 경제속도보다 빠르게 달렸으니 연료도 더 소비했을 것이다.

집에서 떠날 때는 고속을 기대하지만 톨게이트에 진입한 후 고속도로는 종종 저속도로가 된다.
협업을 시작한 다음의 모습은 이처럼 기대와 다르게 흘러간다.

고속버스 회사는 과속하면 두 가지 문제가 발생한다.

첫째는 교통사고 위험이 증가한다. 둘째는 연료비가 증가한다. 고속버스 회사는 이를 방지하기 위한 노력으로 먼저 금지 규정을 두기 시작한다. 말로는 안 되니까 규정 속도를 초과하면 경고음이 울리게 하기도 한다. 승객의 불안과 짜증을 부르는 과속 경고음 말이다. 최종적으로는 규정 속도 이상 가속이 안 되도록 장치를 붙이는 생각도 한다. 하지만 이런 금지 유형(네거티브)의 조항은 효과가 별로 없다. 기사와 승객 모두가 빨리 가고자 하는 데 이의가 없기 때문이다.

기사의 실질 이득이 두 마리 토끼를 잡게 만든다

과속을 줄이기 위해서는 먼저 회사의 정책에 대한 기사의 자발적 참여를 어떻게 유도할지 찾아내야 한다. 회사에서 기사별 연료비를 추적해 보았다. 연간 평균 800만 원의 연료비를 썼다. 정속 주행과 경제

속도로 운행했을 때는 600만 원으로 줄었다. 200만 원의 차이가 발생했다. 회사는 200만 원의 차이를 줄이는 것이 비용 절감뿐만 아니라 안전운행의 핵심 요소라고 판단했다. 버스회사는 기존의 네거티브에서 상금을 주는 포지티브 방식으로 전환한다. 절감액의 절반을 기사에게 지급하기로 한 것이다. 기사는 연간 100여만 원의 부수적인 수입이 발생하고 안전운행은 뒤따라오게 되었다. 이 제도가 고속버스 과속이 줄어든 이유다. 스스로 걷는 첫걸음이 있어야 두 번째 발걸음으로 이어질 수 있다.

성공적이다 싶을 때 협업은 과속하기 쉽다. 정속 주행으로 사고를 방지하도록 해야 한다.

콜라플의 첫걸음

직접적인 이득이 발생하는 장치를 만드는 것이 협업팀에 필요하다. 회사 입장에서는 비용 증가가 꺼려질 수 있다. 잘 따져 보자. 이득이 100이라면 비용은 99까지 써도 효과가 있는 것이다.

실패 사례

프랑스의 경우 비정규직으로 2년 근무 후 해고될 수 있다고 하자 노동자들은 파업과 시위로 맞섰다. 과속 측정을 하는 카메라가 달린 근처에서 차량들이 정상 속도로 달리자 곳곳에 가짜 카메라를 설치했다.

운전자가 알아채는 것은 시간문제였다. 가짜 카메라가 위법 사항이어서 철거되자 이어 이동식 카메라가 등장했다. 이동식 과속 측정 부스에 카메라가 없는 경우가 많아지자 과속 방지 효과가 없어졌다. 협업 과정의 정당성이 부족하면 성과보다는 비용이 증가한다.

성공 사례

독일의 경우 비정규직으로 2년 근무 후 정규직으로 전환될 수 있다고 하자 노동자들은 희망을 갖고 근무하기 시작했다. 스톡홀름에는 정상 속도로 주행하는 차량에 대해 '좋아요'를 표시해 주는 거리가 있다. 이들 중 추첨을 통해 상금을 주는데 정상 속도로 달리는 차량이 22% 증가했다. 상금은 과속으로 걷은 과태료에서 마련되었다. 계도와 벌금, 상금이 적절하게 협업을 이룬 결과라 할 수 있다.

2. 대박 vs. 소박

■■■■■ *인생 한 방은 로또에서만 가능하다. 한 번 대박은 두 번째 대박을 보장하지 않는다.*

참치는 원양에서 잡기 때문에 대부분 냉동이다. 바로 잡아서 회로 먹을 기회가 많지 않다. 일본에서 낚시로 참치를 잡는 할아버지가 있는데, 잡으면 그야말로 대박이다. 한 마리에 1~2억 원 정도 한다. 2~3년치 연봉을 참치 한 마리로 버는 것이다. 문제는 1년에 한 마리를 잡거나 아예 못 잡거나 하는 것이다. 대박은 자주 오지 않는다.

협업 과제는 어렵다. 어렵다고 낚싯배를 타지 않으면 한 마리도 잡을 수 없다.

서서히 젖는 이슬비가 강하다.

영업맨은 이슬비도 좋지만 소나기를 좋아한다. 한 번에 흠뻑 젖을 정도로 판매고를 올린다면, 그리고 그것이 1월이라면 그 영업맨은 1년이 편안하다. 매출 목표를 달성했으니 자유로워진다. 출근이 늦든지 퇴근이 빠르든지, 휴가가 길든지 짧든지 뭐라 말하는 사람이 없다. 반면 없는 것보다는 낫지만 이슬비는 힘들게 느껴진다. 제품 1개를 팔든 10개를 팔든 파는 노력은 같기 때문이다. 쉽지 않겠지만 차근차근 매출목표를 향해 다가가 보라. 작년에 했듯이 올해도 그렇게 하고 내년도 계획할 수 있다. 회사에 이렇게 소나기를 좋아하고 대박만 쫓는 영업맨만 모여 있다면 어떻게 될까?

수험생을 향한 '수능 대박' 구호는 실수하지 말고 실력을 발휘하라는 응원이다.
실력이 발휘되는 협업을 응원한다.

영업은 버는 날보다 못 버는 날이 많다.

야구에서 3할대의 타율을 내면 특급 선수가 된다. 미국 메이저 리그에도 진출할 수 있다. 열 번 중 세 번만 안타를 치면 된다. 영업에서도 10일 중 3일만 벌어 오면 최고가 된다. 영업맨에게 '네가 처음부터 기획하고 제품을 납품하는 모든 과정을 장악해 대박을 터뜨렸는데, 독립해서 직접 하지 않고 왜 회사에 이익을 주느냐'고 물어보라 대체로 영업 성과가 개인의 능력이 아니라 회사의 힘으로 이루어졌다고 말할 것이다. 사실, 계속 히트를 치거나 꾸준히 영업 성과를 낼 수 있으면 독립하는 것도 방법이다. 문제는 10일 중 7일은 못 버는 날이라는 것이다. 그래도 사장은 잘 대해 주어야 하고 영업 성과가 없는 달에도 월급은 꼬박꼬박 지급해야 한다. 그래야 대박이 터져도 사장에게 가져온다.

영업의 노하우 공유는 목숨을 내놓으라는 말과 같다.

영업맨은 새로운 고객이 보자고 하면 힘이 난다. 판매 기회가 생긴 것이다. 기업의 실적은 이런 판매 기회에서 나온다. 판매가 안 되면 아무 소용이 없다. 사장은 잘나가는 영업맨의 노하우를 실적이 저조한 영업부서에 전파해 전체 매출을 높이고 싶다. 어떻게 신규 고객으로부터 전화를 받는지, 성공률은 왜 그렇게 높은지, 고객은 또 누군지를 다른 부서에 알리고 싶은 것이다. 그래서 요청을 가장해 지시를 한다.

"손오공 씨의 노하우를 매뉴얼로 만들고 가르쳐 전파합시다."

짐작하겠지만, 최고 실적을 내는 그는 자신의 노하우를 밝히고 싶어 하지 않는다. 사장은 단번에 노하우를 전수하고 싶지만 마음처럼 따라 주지 않는다. 결국 영업맨의 노하우 공개는 몇 번의 시도 끝에 일반적인 영업 원칙만 공유한 채 흐지부지된다.

영업맨의 첫걸음은 '소박'이어야 한다. 작은 걸음을 인정하고 꾸준히 가야 '중박'도 나오게 될 것이다. 사장의 첫걸음도 '소박'이어야 한다. 황금 알을 낳는 거위의 배를 갈라 한탕주의 대박만을 기대하지 말고 조금씩 달걀을 모은다는 마음이 필요하다.

콜라플의 첫걸음

쥐어 짜내는 상황이 되면 부작용이 커진다. 참여자는 시늉하는 것으로 그칠 가능성이 높다. 이해관계가 첨예한 상황에서 도움을 강요하는 것은 안 한 것보다 못할 수 있다. 작은 성과를 크게 칭찬해서 협업이 지속되도록 해야 한다.

실패 사례

이슬비처럼 서서히 누구나 참여해 자발적 협업으로 만들어지는 '위키피디아'가 '브리태니커'와 같은 출판 백과사전을 밀어내고 있었다. 같은 시기에 '마이크로소프트'는 위키피디아에 대항하기 위해서 전문 작가와 편집인에게 급여 등 금전적 인센티브를 지급해 내용을 채운 온라인 백과사전 '엔카르타'를 만들었다. 그러나 금전적 보상에 따라 지식을 공유하는 데 한계를 보이기 시작하면서 엔카르타는 수많은 사람이 작은 걸음으로 조금씩 만들어 가는 위키피디아에 밀려 2009년 폐쇄되었다.

성공 사례

영업맨의 직접적인 노하우 공유에 실패한 '한국얀센'은 약국의 노하우를 조사하기로 했다. '타이레놀'을 상대적으로 많이 파는 약국의 노하우를 공유하기로 한 것이다. 약국의 노하우를 알아내는 것은 영업맨의 몫이지만 크게 부담은 없다. 본인의 노하우가 아니라 고객의 노하우이기 때문이다. 1등 약국의 타이레놀 판매 노하우를 영업맨이 공유하는 협업을 통해 그들은 그 노하우를 각자가 관리하는 약국으로 전파했다. 타이레놀 판매량이 급증한 것은 당연했다.

3. 웨이터 vs. 종업원

■■■■　방송을 타는 바람에 손님이 크게 늘어나 즐거운 비명을 지르는 한 추어탕집 사장에게 고민이 생겼다. 손님이 몰려오는 것은 좋지만 서비스가 나빠졌다는 소리가 점점 높아지고 있었기 때문이다. 사장이 직접 이리 뛰고 저리 뛰어 보았지만 솔선수범만으로는 그 문제가 해결되지 않고 있다.

외식 업계에는 매장을 확장하면 망한다는 속설이 있다. 작은 매장에 자리가 부족해서 손님이 줄을 서고 급기야 일부 손님이 발길을 돌릴 때, 주인은 매장을 확장하면 매출이 크게 증가할 것이라고 기대한다. 손님이 줄을 서는 광경은 돈을 주고도 살 수 없는 마케팅 도구다.

맛집에 줄을 서는 이유가 있듯이 협업의 달인에게는 협업의 노하우가 있다.

그만큼 가격과 품질에서 경쟁력이 있다는 것이다. 그런데 매장을 넓혀서 줄을 없앴으니 강력한 마케팅 도구가 하나 없어진 것이다. 넓어진 매장에 손님이 가득 차는 상상은 사장의 머릿속에서만 가능한 일이었다.

사장: 손님이 늘었으니 좀 더 빨리 움직입시다.

평상시에 손님이 300명 정도 오는 경기도 분당의 한 추어탕집은 어느 날 방송에 출연하는 바람에 손님이 몰리기 시작한다. 그럼에도 매장은 넓히지 않기로 한다. 쉽사리 매장을 넓혔다가는 부작용만 생길 수 있다. 방송의 여파가 언제까지인지도 알 수 없다. 매장은 점차 시장판이 되어 간다. 기다리는 손님, 소리 지르는 손님, 재촉하는 손님으로 소란스러워진다. 점차 서비스가 엉망이 되어 가기 시작한다. 사장은 종업원에게 "빨리빨리"를 외친다.

종업원: 손님이 늘어서 힘들어요. 더 뽑아 주세요.

손님이 하루에 300명 정도일 때는 종업원 간의 역할이 잘 맞았다. 척하면 착이었다. 그러나 400명쯤 되고 나니까 주문도 꼬이고 서빙도 엉망이 되었다. 손님의 불만도 늘었다.

"손님이 늘어서 사장님만 좋아진 것 아닌가요? 종업원 더 뽑아 주세요."

사장은 궁여지책으로 손님이 400명이 되면 인당 1만 원을 즉시 지급하기로 해보았다. 과거에는 300명을 넘어 350명쯤 되면 피곤해지면서 서비스 품질이 급격히 떨어지기 시작했다. 모든 불만은 351번째 손님부터 나왔다. 그런데 1만 원 지급 제도가 시행된 후 종업원들의 마음가짐이 변하기 시작했다.

"오늘도 손님이 몰리네. 애매하게 350명 정도 오지 말고 아예 400명 채워라."

라스트 스퍼트(last spurt)를 위한 자극제가 된 것이다. 분당의 이 추어탕집은 이렇게 위기를 해결했다. 이런 문제는 종업원이 손님의 숫자와 관계없이 급여를 때문에 발생한다. 미국의 팁 문화는 우리에게 생소하다. 밥값을 지불했는데 서빙을 한 웨이터에게 별도로 팁을 줘야 하다니. 그것도 정확히 정해진 것도 없다. 대략 10%라고 하는데 그때그때 다르다. 불편하지 않을 수 없다.

동료와 맞춰 가면서 일하는 것은 동료에게 서비스하는 것과 같다.
개개인이 협업을 위해 제공하는 서비스에 대한 보상이 있어야 한다.

종업원이 사장과 같은 입장이 된다면

웨이터 입장에서 정해진 팁이 없다는 것은 좀 더 받을 수 있는 기회가 된다. 손님의 이름을 불러 주면 팁이 올라간다.

"제임스 씨, 지난번과 같은 것으로 드릴까요? 조금 짜다고 하셨는데 이번에는 소금 간을 약하게 하라고 주방에 말하겠습니다."

이 정도면 팁이 두 배가 될 가능성이 높다. 손님이 늘수록 팁을 받을수 있는 기획도 증가한다. 손님이 없는 것이 문제일 뿐이다. 사장과 같은 입장이 되는 것이다. 손님의 부름에 미소를 머금고 다가서는 종업원의수고에 대한 인정이 있어야 사장과 종업원의 협업이 이루어질 수 있을것이다.

※ 어떤 태도로 서비스를 하느냐에 따라 대가가 달라진다고 해도, 팁을 받는 웨이터는 고정 급여가 없거나 매우 적다. 그들이 받는 보상이 충분하다는 의미가 아님을 밝힌다.

> **콜라플의 첫걸음**
>
> 같이 하자는 마음은 사장의 일방적인 시각일 수 있다. 과정에서도 좋은 점이 있어야 한다. 과정이 괴로운 상황이라면 결과적으로 발생한 성과를 나누어 줄 수 있어야 자발적 협업이 실질적으로 이루어진다.

실패 사례

세계적인 피자 프랜차이즈 '피자헛'과 '도미노'에 대적하던 'M 피자' 회장은 자서전에서 가맹점을 '가족점'이라 칭하고 "가맹 사업에서 가장 필수적인 것은 본부의 도덕관"이라고 했다. 가맹점을 가족이라고 생각하는 마음에서 가족점이라는 명칭도 사용했을 것이다. 그러나 시중보다 비싼 가격으로 치즈를 강매한 이른바 '치즈 통행세'와 탈퇴 가맹점을 표적으로 한 '보복 출점' 의혹을 받고 있다. 운전기사를 구타하고 경비원에게 폭행을 가하는 기업주가 협업을 말하다니 놀라울 따름이다.

성공 사례

미국의 식료품 체인점 '웨그먼스'는 『포춘지』가 선정한 2017년 미국에서 가장 일하기 좋은 기업으로 구글에 이어 2위다. 웨그먼스는 평당 피트당 매출이 14달러로 업계 평균 9.4달러보다 훨씬 높다. 4만 명에 이르는 직원의 회사만족도는 98%이고 이직률은 6%에 불과하다. 이직에 따른 채용과 교육 등의 비용이 타사보다 40%가량 적다. 직원의 업무만족도를 우선적으로 생각하고, 업계 최고 수준의 급여를 주며, 인위적인 해고가 없다. 공부하기를 격려하고, 일과 삶이 균형을 이루도록 한다. 가족 같은 유대감은 덤이다. 이와 같은 협업이 우리나라에도 있다. 〈SBS스페셜〉 479회에서는 국내의 작은 회사와 식당의 사례를 소개했다.

(1) 회사를 바꾼 괴짜 신창연 사장이 있다. 팀장이든 대표든 직원들의 투표에서 일정 기준 이상의 점수를 받지 못하면 잘린다고 한다. 신창연 사장은 직원들의 투표로 잘렸다.

(2) 매월 나눔제도를 통해 초과 이익이 생기면 직원들과 분배하는 식당이 있다. 그 수익은 온전히 직원들에게만 돌아가고 사장 부부는 제외하면서 사장은 "지금의 식구들과 호흡하고 싶다"라고 말한다.

(3) 한 직원이 적극적으로 주 4일 근무제를 제안했다. 사장은 당황했지만 회사로서 더 나을 수도 있다고 판단해 그 회사는 주 4일 근무를 시작했다.

4. 대리점 vs. 편의점

2013년 5월 남양유업의 한 영업사원이 대리점주를 상대로 막말과 욕설을 퍼부은 음성 파일이 인터넷에 공개되면서 이른바 대리점을 향한 '갑질'이 논란이 제기되었다. 남양유업은 대리점에 했던 갑질을 대리점에는 할 수가 없다.

이 일이 영업사원에게는 그가 팔아야 할 물량을 대리점에 넘기는 자연스러운 업무였다. 영업사원과 대리점은 협업 관계였으며, 지금까지 문제없던 관행이었다. 평상시처럼 대리점주가 물량을 안 받으니 폭발한 것이다. 전적으로 영업사원의 시각이다.

남양유업뿐 아니라 LG생활건강과 같이 편의점에서 생활용품을 파는 업종은 '창고'측면에서 다음의 두 가지 속성을 가진다.

- 나의 창고에 보관한다.
- 너의 창고에 보관한다.

대리점 담당 영업사원은 '너의 창고(대리점 창고)'에 보관하는 방법을 택한다. 월말이 되면 할당된 물량을 대리점 창고로 이동시키고 매출전표를 발행하면 그뿐이다. 샴푸나 비누 등은 그나마 유통기한이 없으므로 대리점 창고에 가득 채우고 나머지는 길가에 내려놓고 가면 그만이다. 극단적으로 갑질을 하는 경우 직원은 한 달에 이틀 정도만 일하면 된다. 하지만 남양유업은 유통기한이 있어서 못 팔면 대리점 주가 즉각 손해를 감수해야 하니 큰 문제가 된다.

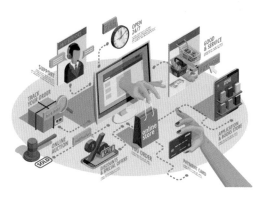

복잡해 보여도 일정한 규칙 아래 프로세스가 움직이는 협업에서
무거운 짐을 다른 한쪽에 부당하게 넘겨서는 안 된다.

편의점에서는 한 개씩 주문해도 영업사원은 할 말이 없다.

편의점은 '너의 창고'에 보관하는 정책이다. 여기서 '너의 창고'는 남양유업과 LG생활건강의 창고이다. 전산화된 편의점은 하나 팔릴 때 하나를 주문하는 체계를 갖추고 있다. 편의점 담당 영업사원은 한 달 내내 일할 수밖에 없다. '토요타자동차'의 JIT(Just In Time, 고객의 주문이 들어오면 바로 생산되는 시스템)처럼 거창한 이름은 안 붙여도 하나 팔면 하나 주문하는 '즉시 체계'다.

다양성이 점점 확대되고 있는 상황에서 어느 한쪽이 일방적인 방법으로
협업을 몰아붙여서는 안 된다.

편의점과 생활용품의 협업 체계가 먹을거리에서 빛을 내고 있다.

요즘 편의점에 가보면 이틀이면 폐기해야 할 먹을거리가 다양해
지고 많아졌다. 협업 체계가 갖추어져 있지 않으면 불가능한 현상이
다. 편의점이 급속히 증가하면서 서비스도 다양해지고 있다. 클럽 주
변의 편의점에서는 가방과 옷을 보관해 주는 서비스로 고객을 유인한
다. 일본에서는 편의점에서 노인을 위한 도시락 배달뿐만 아니라 건강
관리까지 한다.

남양유업이 대리점 체계를 유지하는 것은 서서히 망하는 길로 가
는 것이다. 남양유업이 작은 상대와 작은 거래부터 한 걸음씩 떼어 나
가기를 기대하고 응원한다.

콜라플의 첫걸음

회사의 정보를 특정 계층이 독점하면서 직원에게 히달하는 형태는
대리점 체계와 같다. 이제 직원이 회사에 대해 하나의 정보를 소비할 때
마다 회사가 하나씩 채워 주는 편의점 형태의 정보 공개와 유통으로 협
업을 활성화해야 한다.

실패 사례

철강 업계 P사의 초대 회장이 일본의 철강 회사를 방문한 적이 있다. 그곳에 자사의 원가 자료가 있다고 하면서 경쟁사의 원가 자료를 가져오라고 지시했다. 회사의 정보 보안에 문제가 있음을 지적한 것이다. 그 후 회사의 보안 체계는 더욱 엄격해졌다. 원가 자료는 원가팀에서만 눈으로 볼 수 있게 했다. 생산부서는 생산원가를 모르고 판매부서도 판매원가를 모르게 되었다. 원가 분석 자료의 목적은 생산부서가 원가를 절감하고 판매부서가 원가에 근거한 가격 정책을 수립하도록 하는 것인데 말이다. 원가에 대한 공동이해가 있어야 이루어질 생산과 판매 부서의 협업까지 훼손하는 결과를 초래했다.

성공 사례

기존의 패션 업계는 패션쇼를 열어서 다음 계절에 유행할 디자인을 선보인 다음 대량으로 만들어 유통시킨다. '자라', 'H&M', '유니클로'는 반대로 매장 고객의 반응에 대응하는 협업으로 디자인을 바꿔 가며 생산한다. 신상품 아이디어를 매장에서 본사로 실시간 보고하고, 일주일 정도 판매 추이를 지켜본 뒤 반응이 좋지 않으면 매장에서 옷을 빼는 방식이다. 정보의 공유와 유통 체계 아래에서 고객의 요구를 즉각 반영하고 시행착오를 지속적인 개선 도구로 활용했기에 가능했다.

5. 배추와 삼겹살

농산물의 폭락과 폭등은 매년 반복된다. 이른바 밭떼기로 계약을 하더라도 폭락 시에는 위약금을 주고 시장에서 사면 더 싸다. 물론 폭등할 때는 위약금을 주고 시장에서 더 비싸게 팔 수도 있다. 어이가 없는 것은 이런 폭등과 폭락을 발생시키는 공급량의 차이가 고작 5%라는 사실이다.

배추 생산량이 5% 증가하면 폭락이 시작된다. 하루 이틀이면 더 내려갈 테니 수요자는 잠깐 기다리게 된다. 그동안 수확된 배추는 창고에 모이기 시작한다. 가격이 내려가기 시작한다. 이상하다. 초과량 5%만 떨어져야 셈법이 맞는데 반값이 된다.

반대로, 배추 생산량이 5% 감소하면 폭등할 채비를 한다. 배춧값 급락을 본 생산자가 배추를 조금 덜 심은 것이다. 4개월 후 감소된 물량 때문에 가격이 금방 두 배가 된다. 이 과정에서 유통업자의 배만 불리게 된다. 이것을 알면서도 개선이 안 되고 있어 안타깝기만 하다.

상황이 이러니 1년 단위 밭떼기 계약이 잘될 수가 없다. 폭락하거나 폭락시 위약금을 주고 팔거나, 사는 것이 좀 더 이익이 될 수 있는 구조이다 보니 그렇다. 이 상황을 깨는 방법은 장기 계약밖에 없다.

새로운 배추가 자라고 있으므로 배춧값 파동은 오래가지 않는다.
지금 협업이 안 된다고 크게 실망하지 않아도 된다. 협업은 다시 시작할 수 있다.

조금 덜 벌더라도 지속적이어야 한다.

조금 싸더라도 정해진 가격으로 사고, 조금 비싸더라도 정해진 가격으로 팔면 된다. 3년 계약만 하더라도 생산자와 구매자가 안정적인 배추 가격을 보장받게 된다. 단기적인 관계가 아니라 장기적인 협업 관계가 되는 순간이다. 안정적인 원가는 경제도 안정시킨다. 2016년 유가가 급락해 2003년 수준으로 떨어졌다. 산유국 경제가 침체되어 전 세계 경제에 악영향을 미쳤다. 유가가 하락하면 디플레이션도 발생할 수 있다. 사실 저유가는 세계 경제에 좋은 것이다. 2003년 저유가 시절, 경제는 오히려 좋았다. 원가가 올라가는 것이 문제지 떨어지는 것은 문제될 게 사실 없다. 문제는 하락의 속도다. 조금씩 서서히 떨어지면 나쁠 것이 없다. 상승도 마찬가지다. 연 2% 정도 오르면 경제가 잘 적응한다. 그 정도 인플레이션은 건강한 자극이 된다.

널뛰기 시장에서는 단기보다 장기적 관점이 있어야 한다.

A식당은 매번 시장 가격에 따라 식자재를 구매한다. 배춧값 오르

고, 삼겹살 값이 오른다고 해서 가격을 바로 올릴 수는 없다. 장사하기 힘들어지는 순간이다. 반대로 떨어진다고 바로 낮추지도 못한다. 못마땅한 상황인 것이다. 옆에 B식당은 장기 계약으로 식자재 가격이 동일하다. 장기적인 계획을 갖고 품질도 올릴 수 있으며 고객 서비스도 향상시킬 수 있다. 작은 걸음이라도 의미가 있어야 하며, 의미가 성과가 되려면 긴 안목으로 해나가야 한다. 첫술에 배부를 수 없고, 아침과 저녁이 달라서는 내일이 없을 수도 있다.

회사 내에는 비슷해 보여도 다른 여러 인재가 있다.
이들과 장기적인 관계를 맺어 놓으면 협업을 길게 이루어 나갈 수 있다.

콜라플의 첫걸음

하루 이틀 만에 협업의 효과를 얻을 순 없다. 장기적 관섬에서 접근해야 한다. 먼저 내가 마음을 열고 상대에게 도움을 주면서 천천히 기다려야 하는 것은 모든 인간관계에서 동일하다. 협업의 첫 성과도 천천히 기다려 주자.

실패 사례

미국의 자동차 회사 '크라이슬러'는 경쟁입찰제를 통해 낮은 단가를 제시한 부품 업체들과 단기적인 계약 관계를 형성했다. 원가 절감을 위해 사실상 부품 업체의 단가를 후려치는 상황을 만든 것이다. 부품 업체들과 신뢰를 바탕으로 한 이익 공유가 이루어지지 않았기 때문에 장기적이고 지속적인 관계가 형성될 수 없었다. 결과적으로 부품 업체에 대한 가격 압박은 품질 하락으로 이어졌고, 경쟁사들보다 신차 개발 기간은 오히려 길어졌다. 비용 역시 더욱 상승했다. 일본의 자동차 회사 '미쓰비시'는 2000년 이후 닛산을 추격하는 과정에서 원가 절감과 개발 기간 단축에만 주력하고, 부품 업체와의 기술 협력은 등한시했다. 결과적으로 결함 차량이 증가했고, 보증 수리 부담에 판매 부진이 겹쳐 2000년 3,600억 엔의 적자를 기록하면서 주가도 40% 하락했다. 우리나라도 완성차와 협력사의 협업이 크게 다르지 않은 상황이다. 'CR(Cost Reduction, 원가 절감)회의'를 하면 협력사만 죽어나는 형국이다.

성공 사례

많은 식품 업계가 OEM(주문자 상표 부착)으로 제품을 판매한다. 대체로 OEM으로 생산하는 중소기업은 죽지 않고 살 만큼만의 이윤을 남기고 판매자(대기업)에게 제품을 넘긴다. '비정규직 사원 제로'로 유명한 '오뚜기'는 OEM 협력 업체에 제값을 쳐주는 회사로도 유명하다. 새로운 설비를 지원하는 등 진정한 협력으로 품질도 잡고 있다. 오뚜기는 건면 제품을 모두 OEM으로 생산한다. 참치 캔도 OEM으로 변경한 후 매출액이 변경 전 대비 69% 상승했다. 협력 업체와 장기적인 상생(相生) 관계에 기반을 둔 협업을 이룬 결과 소비자에게 품질을 인정받은 것이다.

비전과 목표를 주어도 내 마음같이 움직여 주지 않는다. 사랑의 채찍을 들어야 할까 생각해 본다. 좋은 결과를 위한 것이라고 합리화해 본다. 매출을 올리든지, 수익을 개선하든지 말이다. 그런데 그 수혜를 직접적으로 나누면 어떨까? 네 것을 내놓으라고 하면 선뜻 내놓을 사람이 별로 없다. 그들의 노하우를 간접적으로 공유할 수 있도록 해 보자.

자기주도형이 가장 효과적이라는 것은 잘 알 것이다. 우리 직원도 스스로 할 수 있도록 체계를 갖추어 보자. 정보기술의 도움을 받아 프로세스도 정립할 필요가 있다. 시작 3일 만에 성과를 낼 순 없다. 하루아침에 이루어지지 않으니 길게 꾸준히 해나가는 자세가 필요하다.

버릴 것을 버려야만
다시 채울 수 있다

채울 것이 없음을 탓하지 말고
채울 그릇이 없음을 두려워하라

1. 월요일과 임원

■■■■ *중견기업 B사는 임원회의를 매주 월요일마다 타성적으로 하*
고 있다. 회의에서 구체적으로 논의해 결정하는 것도 사실상 없다. 어
찌 보면 차나 한잔하면서 담소하는 수준으로, 사장은 임원회의를 통해
본인이 경청하고 있다는 사실을 과시하는 것에 불과할 수 있다.

임원이 존재하는 기업에서는 대부분 임원회의를 정기적으로 한
다. 월요일 아침에 교통체증이 발생하는 것은 바로 한 주를 시작하는
월요일마다 회의를 하기 때문이다.

매주 논의하고 결정해야 할 일이 그렇게도 많을까? 그것도 월요
일 업무 시작 1시간 전에 말이다. 회의는 같이 일하는 협업의 가장 보
편적인 방법이다. 그렇다면 임원회의에서는 협업을 하고 있는 것일까?
사장의 훈시라면 공지 사항으로 알리면 될 일이다.

회사에 바라는 것은? 지원할 것은? 매번 회의 때마다 이에 대해
묻지만 임원쯤 되는 사람들이 그 자리에서 이런저런 요구 사항을 말하
는 것은 경륜상 어울리지 않는다. 종종 외부에서 온 신입 임원이 순진
하게 말하곤 한다. 몇 번의 임원회의를 거치다 보면 말수가 줄어들게
된다. 계속 말한다면 눈치가 없는 것이다. 그러다가는 조만간 임원회

의 참석자 명단에서 빠질 수 있다.

사장은 이야기하고 임원은 받아 적는 모습은 협업이 없었던
박근혜 전 대통령의 국무회의에서 자주 본 광경이다.

별일 없으면 임원회의를 안 하는 것이 낫다.

중요한 사항은 매번 보고하고 의논해서 결정한다. 필요한 사람은
모두 모인다. 삼성처럼 교육을 하는 것은 나름 의미가 있다. 하지만 사
실 그것도 문제다. 이미 아는 내용일 때에도 참석해야 할까? 책도 읽었
는데 말이다.

다 같이 한 번쯤 모여야 한다면 목적을 분명히 한다.

사장의 생각을 임직원에게 침투시키기 위한 자리도 필요하다. 그
럴 때는 모두 모이도록 해야 한다. 사장의 표정, 말의 강약을 직접 듣
게 하는 것이 글보다 훨씬 더 효과적이기 때문이다. 그런 경우 월요일
아침에 사장과 1시간 정도 사장과 소통하는 것은 다른 무엇보다 소중
할 수 있다.

사장의 지시 사항에 대한 이행 정도를 공유하는 것도 의미가

있다. 임원 간에 경쟁과 자극이 될 수 있기 때문이다. 시간도 부족한 임원들을 기왕 모이게 했으니, 서로 돕도록 격려하고 조정하는 (facilitating) 자리가 된다면 좋을 것이다. 사장이 옆에 있으니 잘 협력하는 모습을 보이려고 할 것이다. 정말로 어려움이 있거나, 상대방 임원에게 불만이 있다면 말할 수 있도록 해야 한다.

이슈가 없다면 그냥 차나 한잔하면서 담소하는 자리로 만들어 본다. 편안한 마음으로 이야기하다가 중요한 의사결정을 하는 경우도 있기 때문이다. 종종 월요일 임원회의를 생략해 보자. 가족과 함께하는 편안한 일요일 저녁이 될 것이다.

협업회의는 목요일이 좋을 수 있다. 잘 끝났으면 하루 뒤 즐거운 주말이 될 것이고,
부족한 점이 있으면 보완할 시간이 하루 더 있기 때문이다.

콜라플 비우고 채우기

의미 있는 임원회의가 되도록 하자는 생각을 모든 사장이 하고 있다. 주제도 정해서 미리 공지하기도 한다. 그럼에도 불구하고 타성에 젖어서 이어 가고 있는 건 아닌지 되돌아봐야 한다. 임무를 나누어 잘하고 있고, 같이 의논할 것도 없거나, 전체가 아닌 일부에만 해당되는데도 모든 임원을 모이게 할 필요는 없다. 물론 특정 **부분**에 대한 이슈를 관련 없는 임원이 참여해서 해결 방안을 찾는 경우도 많다. 그러나 그것은 그렇게 할 준비가 되어 있을 경우에만 해당된다. 협업팀이 성과를 내려면 역할 없는 구성원을 제외할 필요가 있다.

실패 사례

대한상공회의소가 2017년 2월에 직장인 1천 명을 대상으로 조사해 발표한 국내 기업 회의 문화의 세 가지 문제점이다.

(1) 다 모아! 많은 인원이 모이면 뭐라도 나올 것 아니냐는 다다익선.
(2) 일단 모여! 일단 모여서 이야기하다 보면 뭐라도 나올 것 아니냐는 습관성.
(3) 넌 대답만 해! 상사가 발언을 독점하는 회의. 본인이 하고 싶은 말만 하고 듣지는 않는 회의로 행정부와 입법부 사이에 협업을 찾아보기 힘든 국정감사가 대표적이다.

성공 사례

문재인 대통령은 월요일 일찍 회의를 하면 일요일에 근무를 하게 되니 월요일 오후에 회의를 하는 것이 어떻겠냐고 제안했다. 그룹웨어와 같은 협업 도구를 이용해 같은 시간에 같은 장소에 모이지 않은 채 여러 사람의 의견이 필요한 사안을 게시하면 여러 사람이 댓글을 다는 방식으로 회의의 효과를 낼 수 있다. 의사결정을 위한 투표 등의 도구도 쉽게 쓸 수 있다. 삼성전자는 '모자이크'라는 온라인 협업 도구를 활용해 개방형 토론, 새로운 아이디어 제안, 누구나 묻고 대답하기 등 다수의 사람들이 집합적으로 지적 활동을 하도록 해 집단지성의 성과물을 얻고 있다.

2. 시작하기 vs. 그만하기

■■■■ 아이디어가 풍부한 대기업 Ａ전무는 회사 출근이 빠르다. 하고 싶은 일도 있고, 해야 할 일도 많다. 시작하는 일은 넘쳐 나는데 대부분 흐지부지되어 버리는 것이 고민이다.

빙하기에서 살아남은 호모 사피엔스는 사냥을 해야만 먹고살 수 있었다. 추운 날씨도 견뎌야만 했다. 그러나 매일 사냥에 성공할 순 없었다. 오늘은 먹을 수 있었지만 다음은 언제 먹을지 기약할 수 없었다. 많은 호모 사피엔스가 굶어 죽었다. 그렇다면 살아남은 자는 남들보다 강했던 것일까? 그렇지 않다. 굶주림을 잘 견딘 자가 살아남았다. 영양분을 잘 비축하는 '비만'한 자가 생존한 것이다. 우리는 이렇게 살아남은 호모 사피엔스다. 음식을 먹으면 엉덩이로, 배로 가는 이유다.

우리의 조상 호모 사피엔스에게 비만은 생존 요소였다.

모든 것이 부족했다. 지방뿐만 아니라 포도당도 부족했고, 나트륨도 부족했다. 섭취만큼이나 저장을 잘하는 인류만이 생존했고 유전자가 이어졌다. 21세기에 들어선 인류에게 섭취는 특수한 상황으로 변화되었다. 필요한 양보다 넘치는 상황이 된 것이다. 포도당이 넘치면 당뇨병이, 나트륨이 넘치면 고혈압이 발생한다. 지방이 넘쳐 고지혈증이 생기면 각종 혈관 질환이 나타난다. 이렇게 넘치는 상황임에도 저녁 10시쯤 되면 뇌에서는 배고프다는 신호를 보낸다. 부족한 상황에 대비해서 계속 섭취하라고 뇌가 보내는 명령이다.

꼭 필요한 사람으로(Slim) 팀(Team)을 구성해서 모두(All) 함께 달려야(Run)
협업의 목표(Target)를 달성할 수 있다. START하자.

넘치는 것은 사람만의 문제가 아니다.

우리가 겪어 온 산업화는 부족한 것을 채우는 나날이었다. 호모 사피엔스에게 섭취가 생존이었던 것처럼 말이다. 상품을 만들고 파는 과정 속에서 계속 채워 왔다. 그렇게 해서 사업은 확장되고 승진도 했다. 아침에 일어나 회사에 가면서부터 무엇인가 해야 하는 것은 생존 법칙이었다. 크고 작은 시작(kick off)이 매일 전사적으로, 부서 내에서 있다. 하지만 마무리되었다는 종료 선언(wrap up)은 거의 없다. 모두 잘된 것일까? 끝내지 않은 시작은 어떻게 작용할지 살펴보자.

에너지를 만들고, 힘을 쓰고, 잘 작동하게 하려면 포도당, 지방, 나트륨이 필수적으로 필요하다. 당신 회사에도 필수적인 그것이 있지만 넘치고 있다. 넘치면 기업에서도 동맥경화나 암이 발생하고 심장이 마비된다. 넘치는 세상에서는 오늘 하나를 하지 않고 줄이는 것이 하나를 새로 시작하는 것만큼이나 중요하다. 그렇다고 없애 보자는 TFT(Task Force Team)를 만들지는 말자.

전략적으로(Strategic) 꺼서(Toggle) 기회를(Opportunity) 챙기는(Pick) 것도 협업으로 얻을 수 있는 성과다. STOP하자.

콜라플 비우고 채우기

한 중견기업의 C사장은 조찬에 열심히 참석해 배움을 놓치지 않고 있다. 직원은 사장이 조찬에 참석하면 인상을 쓴다. 오늘 새로 시작하는 무언가가 있을 것이기 때문이다. 조찬 참석 횟수만큼 시도한 다양한 경영방법론이 회사의 동맥을 딱딱하게 만들 수도 있다. 뭔가를 진행 중인 협업팀에 계속해서 새로운 임무를 주어서는 안 된다.

실패 사례

경쟁 제품을 이기기 위해 기능을 하나라도 더 붙여 보자는 유혹에 빠지기 쉽다. 너희는 한 가지만 가능한데 우리는 세 가지가 가능하다고 내세운다. 그런데 가능한 세 가지가 모두 쓸모없다는 것이 문제. 단순한 디자인으로 유명한 '구글'이 이렇게 만들었던 서비스가 '웨이브'다. 사람들이 알고 있는 구글 웨이브는 '이메일이나 인스턴트 메시징, 블로그, 위키, 멀티미디어 관리, 문서 공유 등의 핵심 온라인 기능을 통합한 협업 및 커뮤니케이션 도구'다. 유명한 칼국숫집에 가면 오직 칼국수만 판다. 만두 정도 곁들인다. 칼국숫집에서 추어탕, 순댓국까지 판다면 칼국수가 맛있을 가능성은 거의 없다.

성공 사례

'애플'의 스마트 기기는 단추가 하나다. 있으면 좋은 것이 아니라 없을수록 좋다는 미너멀리즘(minimalism)으로 탄생했다. 단순함과 간결함을 추구하는 중국의 '샤오미'는 꼭 필요한 기능으로 넘치지 않게 만들면서 적정한 가격으로 고객에게 만족을 주고 있다. 편의점에서 살 수 있는 '혜자스러운(가성비 좋은)' 도시락도 적정한 가격으로 부담 없이 먹을 수 있게 했다. 미국의 '사우스웨스트 항공'은 경쟁이 치열해지면서 점점 많아지는 서비스를 오히려 줄였다. 단순화한 마케팅 전략으로 항공사라는 업(業)의 본질적 서비스에 충실한 저가 항공 시대를 열었다. 협업은 단순히 가짓수를 늘리기 위해 하는 것이 아니다.

3. 방전 vs. 충전

■■■■ 중견기업 B사의 사장은 직원의 휴가가 걱정이다. 법대로 모두 쓰면 사실상 한 달 정도가 휴무일이 되므로 인건비가 8% 상승하는 결과를 불러오기 때문이다. 휴가를 잘 보내 주는 좋은 사장이라는 소리는 듣고 싶은데 말이다.

휴대용 기기가 늘어나면서 충전이 일상화되었다. 스마트폰, 태블릿, 블루투스 이어폰을 선 없이 편리하게 충전하는 방법도 점차 발전하고 있다. 많은 사람이 충전을 빨리하는 방법만 생각할 것이다. 충전을 빨리하려면 방전 속도도 높여야 한다. 방전이 빨리되는 만큼 기기에 전력을 많이 줄 수 있고, 출력도 강하게 할 수 있기 때문이다.

방전이 빨라야 속도가 올라간다.

전기차가 빠른 속도를 내기 위해서는 전기를 많이 써야 한다. 이는 방전 속도가 빨라야 한다는 것을 의미한다. 자동차의 출력이 높아짐에 따라 속도도 올라간다. 요즘 많이 갖고 다니는 휴대용 배터리를 생각해 보자. 우선 배터리에 충전을 해야 한다. 충전 속도가 빠르다고 가정해 보자. 배터리로 다시 스마트폰을 충전해야 하는데 배터리 방전이 빠르지 않으면 충전을 빨리할 수 없다. 결국 휴대용 배터리는 충전과 방전 기능이 모두 좋아야 한다.

에너지를 공급해야 빛을 낼 수 있다. 협업팀에도 신바람이 나도록 에너지를 공급하자!

니켈수소는 충전할 때 열이 나고, 리튬이온은 방전될 때 열이 발생한다. 니켈수소는 다 쓰지 않은 상태에서 자주 충전하면 충전량이 줄어든다. 기억효과 때문이다. 반면에 리튬이온은 충전량이 줄지 않는다고 알려져 있다. 그렇다면 리튬이온은 자주 충전해도 오래 쓸 수 있을지 궁금해진다.

충전하는 만큼 수명이 줄어든다.

리튬이온은 반대로 완전히 방전될 때까지 쓰는 것은 좋지 않다. 그러나 자주 충전해도 수명이 줄지 않는다는 것은 자연법칙을 거스르는 것이다. 충전할수록 영구히 쓸 수 있다는 것인데, 충전하는 만큼 수명이 줄어야 물리 원칙에 부합한다.

방전이 잘 되어야 충전도 잘 된다. "일한 당신, 떠나라"라는 광고 문구처럼 일하고 난 후에는 잘 쉬어야 한다. 그것도 아주 잘 쉬어야 한다. 쉬는 속도만큼 일할 수 있는 속도도 빨라지니까 말이다. 혹시 쉬는 만큼 성과가 떨어지지 않을까 걱정되는가? 팀원이 니켈수소형인지 리튬이온형인지 구분해 보자. 리튬이온형이면 성과가 떨어지지 않을 것이다. 그리고 충전하면 할수록 수명이 떨어지는 것처럼 일을 하면 할수록 일하는 수명도 떨어지는 것이 섭리(攝理)가 아닐까.

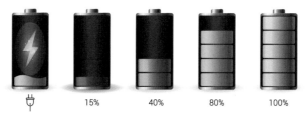

15%   40%   80%   100%

스마트폰의 배터리가 방전되어 한 칸만 남으면 얼른 충전해야 한다는 생각이 드는 것처럼
협업팀의 에너지가 한 칸만 남으면 충전시켜 줘야 한다.

콜라플 비우고 채우기

너무 고생한 우리 팀원을 위로하기 위해 회식부터 생각하는 F전무! 그것은 본인을 위로하기 위함이다. 팀원을 위한다면 외식 상품권을 주고 집에 보내는 것이 좋다. 가족과 함께 쉴 수 있도록 해주어야 한다. 협업팀에 한 번씩 멀리서 돌아볼 수 있는 기회를 주어야 숨어 있는 문제를 발견할 수 있다.

실패 사례

초우량 기업 S전자는 근무 강도가 세기로 유명하다. 무한경쟁 중인 모바일 사업부는 회사 내에서 성과급은 많지만 근무 시간이 긴 것으로도 악명이 높다. 심지어 개인 시간이 일요일 오후뿐인 경우도 많았다. 근무 시간이 길어지는 만큼 업무의 질은 점점 떨어지고 있다는 점은 애써 외면했다. 사실상 업무의 시작은 오후 4시였다. 팀장이 이때부터 일을 챙기기 시작해서 저녁을 먹은 후 본격적인 업무가 시작되어 밤 10시는 되어야 끝난다. 다음 날 정시에 출근하지만 커피 마시고, 동료와 잡담하고, 인터넷에서 정보를 찾아보다가 점심시간이 돌아온다. 점심 먹고 쉬다 보면 오후 4시가 되고 업무가 시작된다. 팀장이 토요일에 출근하니 팀원들도 나와야 했고, 일요일도 나올 때가 많았다. 경쟁사 제품을 따라잡았다고 생각할 무렵, 제품에 문제가 생기기 시작했다. 지금의 S전자는 유연근무제를 통해 출퇴근 시간을 자율화하면서 업무의 질을 생각하고 있다. 협업 역시 근무 시간으로 측정해서는 안 된다.

성공 사례

성균관대학교 설기현 축구감독은 예고에 없던 갑작스러운 은퇴와 자격증 문제로 부임이 매끄럽지 않았다. 어렵게 시작한 설 감독은 단체 훈련은 하루 1시간 10분 이내로 하고, 주말은 무조건 휴식을 취하도록 했다. 축구는 팀 운동이다. 팀으로 하는 훈련은 매우 중요하다. 그러나 팀 훈련만 한다면 개인이 부족한 점을 채울 시간을 마련할 수 없다. 주말에 쉬지 않고 운동을 한 선수는 휴식을 취한 선수에 비해서 월요일에 움직임이 둔해진다. 협업이라는 팀플레이에서 개인 기량을 높일 기회를 주지 않고 팀의 기량을 높일 순 없다는 원리를 그는 실천했을 뿐이다. 성균관대학교는 2015년부터 4강, 준우승, 우승을 이어 가고 있다.

4. 완벽 vs. 적정

■■■ 중견기업 B사의 임직원들은 회사에 이런 조직, 저런 조직이 있어야 하고, 제품에는 이런 기능, 저런 기능이 있어야 시장에서 팔 수 있다고 말한다. 그들은 자신이 못 하고 있는 이유가 조직이 없고, 기능이 없기 때문이라고 생각하고 있다.

세심하고 끈질기게 품질을 추구해서 얻어 냈다는 성공 사례를 많이 찾아볼 수 있다. 2017년에 나온 LG의 G6와 삼성의 갤럭시S8은 점점 완벽해져 가는 기능과 품질을 보여 주는 것 같다. 기능과 메뉴도 점점 늘어나고 있다. 그럼에도 많은 사람들의 스마트폰 사용은 통화, 문자를 기본으로 내비게이션, 카메라 등 주요 기능에 한정되어 있다. 사무실에서 쓰는 액셀도 준비된 기능 중 실제로 사용하는 부분은 한정적

협업 능력은 일정 수준이 넘으면 순위는 의미가 없다.

이다. 그만큼 불필요한 기능으로 만들어진 제품일 수 있다.

완벽해야 할 때만 완벽해져야 한다.

반면에 하나라도 빠지면 제품 자체가 필요 없어지는 경우도 있다. 도청 탐지기가 그렇다. 아예 도청을 방지하면 좋겠지만 쉽지 않다. 도청은 음성을 직접적으로 탐지해 청취하는 방법과 청취된 음성을 전파로 정해진 기기에 전달하는 방법이 있다. 음파가 탐지될 수 없거나 전파가 차단된 장소에서 대화를 하면 도청이 방지된다. 그렇게 도청이 방지된 장소에서만 대화를 할 순 없는 노릇이니 '탐지'해서 도청으로 인한 피해를 최소화해야 한다. 도청 탐지를 위한 기기는 하나의 주파수라도 놓치면 아무 쓸모가 없다.

필요한 기능만으로 만들 것인지, 완벽을 기할 것인지에 따라 제품 개발은 달라져야 할 것이다. G6와 S8은 뛰어난 제품이지만 필요한 기능만으로 만들어진 것은 아니다. 두 배 이상 가격을 지불하고 구매하기보다는 중저가 제품에 눈을 돌리는 고객이 많다. 중저가 제품은 필요한 기능을 중심으로 저렴하게 만들어야 한다.

본질에 대해 소통하고 불필요함을 제거한다.

케임브리지대학교 '나비 라드주' 교수는 다른 분야에 있는 제3자와의 협업에 의해 차별화된 브랜드 창출이 가능하다고 말했다. 르노닛산이 저가 차를 만들기 위해 루마니아의 '다치아'를 인수해 별도 브랜드를 만든 것이 대표적이다. "당시 차량 개발을 위해 디자인에 민감한 프랑스 디자이너들과 비용에 민감한 루마니아 엔지니어들이 협업했고, 말 그대로 싸고 좋은 차를 만들었다. 부품은 50% 덜 쓰고, 가격은 5,000달러 이하로 맞출 수 있었다"라고 라드주 교수는 말했다.

필요한 제품을 제때 만들어서 고객에게 선보이는 것은 매우 중요하다. 이를 위해서는 사용자와 끊임없이 반복적으로 소통해야 할 것이다. 기업들은 대체로 없던 것을 만드는 노력을 하는데 고객과 함께 '필요 없는 것'을 찾아내서 제거하는 협업을 해보면 어떨까?

다양한 관점의 협업을 통해 적정함을 최종적으로 판단해야 한다.

콜라플 비우고 채우기

모든 것을 갖춰 놓고 시작할 순 없다. 처음에는 동의하지만 점차 이것이 없고, 저것이 안 된다는 말이 나온다. 스포츠에서 MVP는 최우수 선수(Most Valuable Player)지만, 사업에서는 최소 필수 제품(Minimum Viable Product)으로 이해하자. 최소한 이것만 있으면 시작해서 진행할 수 있다. 최소한의 준비가 되면 협업팀을 가동하는 것이 현명하다.

실패 사례

제2차 세계대전 당시 일본은 '제로기'와 같은 비행기도 잘 만들었지만 크기가 각기 다른 항공모함을 20여 척이나 만든 조선(造船) 강국이기도 했다. 미드웨이 해전에서 주력 항공모함 4척을 잃은 일본 해군은 전함으로 건조 중인 '시나노'를 항공모함으로 개조해 전함과 항공모함의 장점을 갖춘 '완벽해 보이는 항공전함'을 갖게 된다. 제2차 세계대전에 운용되었던 항공모함의 배수량은 대체로 2만 톤 내외였다. 배수량이 7만 2,000톤인 시나노는 강력한 장갑 능력과 미국 잠수함보다 빠른 속도를 자랑하는 당시 최신 · 최대 · 최강 스펙이라고 할 수 있었다.

하지만 시나노는 첫 번째 출항에서 잠수함의 어뢰 공격으로 침몰한다. 직접적인 침몰 원인은 어이없게도 부실 공사와 초보 운전이었다. 어뢰 피격은 견뎌 낼 수 있었으나 부실 공사로 격실이 깨졌으며, 배에 탑승한 장교의 90%가 경험이 적거나 아예 없는 신참이었고 이들 사이에 적절한 협업이 없었던 것이다.

성공 사례

검색 서비스는 무료로 사용할 수 있지만 광고를 봐야 한다. 사용자는 검색을 원하고, 서비스 제공사는 많은 광고가 실리길 바란다. '구글'은 1990년대 중반에 야후, 라이코스와 같은 기존 검색 서비스를 능가하는 검색엔진을 개발해 광고 없이 서비스를 시작했다. 경쟁사와 비교해서 완벽해진 검색이라고 사용자가 인정할 무렵인 2000년에 검색 광고를 내놓았다. '애플'은 2001년에 '아이팟'을 만들어 낸 후 2003년에 '아이튠즈'를, 그리고 2008년에 '앱스토어'를 출시해서 완벽한 생태계를 조성했다. 완벽하게 하나에서 시작한 협업으로 또 다른 완벽을 이끌어 낸 사례라 하겠다.

5. 자신감 vs. 불안감

■■■ 상사가 같이 일하는 부하 직원에게 이렇게 말한다. 시작하기 전에 보고(의논)하고, 시작할 때 보고(의논)하고, 중간에 보고(의논)하고, 끝날 때 보고(의논)하고, 끝난 후 보고(의논)하라고. 그러나 부하 직원은 불안하다. 얼굴을 볼 때마다 할 일이 늘어나고, 수정해야 할 것이 생기기 때문이다. '더 격렬하게' 아무것도 알리고 싶지 않다.

사람은 누구나 자신에 대해 이러쿵저러쿵 이야기하는 것을 좋아하지 않는다. 공개적으로 좋은 소리를 들을 때보다 비판과 비난을 할 때가 많기 때문이다. 그러면 마음 깊은 곳에서 이렇게 말한다. "아직 보여줄 때가 아니다."

숨기고 싶다, 모든 것이 완벽해질 때까지.

우리는 본질적으로 동굴에 숨어 일하고, 일하고, 또 일한다. 그러면 누구도 당신이 실수하는 장면을 볼 수 없으며, 일을 마무리한 후에 당신의 작품을 세상에 공개할 기회를 잡게 된다. 모든 것이 완벽해질

때까지 숨기면 된다. 불안감이다. [브라이언 피츠패트릭, 벤 콜린스 서스먼, 『협업의 기술』, 제이펍]

심지어 나만의 아이디어를 도용당할까봐 걱정한다. 아이디어는 널리 알려야 생명력이 생기는데 말이다. 아이디어를 숨겨서 통제하고 싶은 마음이 앞선다.

우리는 어릴 때부터 나서기보다는 나서지 말라는 교육을 받아 왔다.
나서는 사람이 없으면 협업이 안 된다.

지금 이 순간 나는 올바른 선(線) 위에 있는가?

전산 시스템을 만드는 방법론 중에 '폭포수 모델(Waterfall Model)'이 있다. 맨 처음 사용자의 요구가 있다. 이를 분석하는 것이 첫 번째 단계다. 이어서 설계한다. 설계서에 따라 개발(coding)하고 테스트한다. 이상이 없으면 사용자에게 제출한다. 폭포수 모델은 사용자의 요구를 구현하는 '분석 - 설계 - 개발 - 테스트'로 구성된 4단계 방법론이다. 어떤 방법론으로 하더라도 네 가지는 본질적으로 같다.

만일 테스트 단계에서 이상이 생기면 개발 단계를 다시 해야 한다. 그런데 설계가 잘못되었다면 설계를 다시 하고, 개발을 다시 하고,

테스트를 다시 할 수밖에 없다. 분석이 잘못되었다면 처음부터 새로 시작해야 한다. 자신이 제대로 하고 있는지 검증을 받지 않으면 다시 해야 하는 비용이 눈덩이처럼 쌓일 수밖에 없다.

동료의 검토는 돈을 주고라도 받아야 하는 협업이다.

자신이 제대로 하고 있는지를 알 수 있는 방법은 지금 하고 있는 것을 공개하는 것 말고는 없다. 협업에 참여하는 동료는 지금 제대로 가고 있는지를 알려 주는 잣대 역할을 한다. 초기 단계부터 동료의 검토를 받아 바로잡아 간다면 나중에 들어갈 비용을 대폭 줄일 수 있다. 일찍 실패하는 것이 나중에 실패하는 것보다 훨씬 유리하다는 것은 두 말할 필요가 없다.

동료는 비난 대신 마음에서 우러나오는 건설적인 비판을 해주어야 한다. 그 부분을 해결할 구체적인 방법을 알려 주거나, 해결해 주면 더욱 좋을 것이다. 동료의 검토를 마다할 이유가 전혀 없다. 동료의 조언을 받을 수 있는 여건이 마련되어 있다면 절대 놓치지 말아야 한다.

'그것 봐, 내 말이 맞지'는 그렇게 말한 것이 실행되도록 협업해 주고 나서 해야 한다.

> ## 콜라플 비우고 채우기
>
> 사람은 항상 잘못을 저지르는 존재다. 나에게도 허물이 있음을 인정해야 한다. 아무리 옳은 말이라도 형식이 그르면 사람들은 받아들이지 않는다. '지적'만 해대는 동료가 있다면 아침 인사조차 피하고 싶어진다. 흠을 서로 메워 주는 동료의 검토로 내 문제가 해결된다면 하지 말라고 해도 협업하자고 나서게 된다.

실패 사례

2000년 초까지 대학 커뮤니티 중 가장 활성화되었다고 평가받은 S대 커뮤니티는 10년간 회원이 줄면서 신입생이 유입되지 않고 있다. 그 이유 중 하나는 '싫어요'가 일정 수준에 달하면 자동으로 삭제되는 게시판의 규칙에서 찾아볼 수 있다. 특정 성향이 강한 일정 인원의 사용자가 일관되게 '싫어요'를 선택해 게시물을 한 방향으로 이끌어 버린다. 다양성을 잃은 커뮤니티는 결국 비슷한 생각을 가진 소수만 남게 된다.

대한항공 조현아 부사장은 1등석에서 견과류 제공 서비스가 잘못된 것으로 인식했다. 그녀는 경영진으로서 잘못된 서비스를 바로잡고 재발하지 않도록 매뉴얼을 점검해 재교육을 실시하는 것을 선택해야 했었다. 정작 조 부사장은 승무원을 무릎 꿇게 하고 비행기를 회항시켜 그 승무원을 강제로 내리도록 했다. 승무원은 조 부사장 같은 경영진을 만나는 것 자체가 스트레스이며, 이들에게는 완벽해질 때까지 숨기고 싶어진다. 협업의 비용은 숨기는 과정에서 발생한다. 다양성을 막으면서 협업의 성과를 얻을 순 없다.

'페이스북'에는 '싫어요'가 없다. '싫어요'는 상처를 주고, 상처를 받으면 페이스북을 떠난다. '좋아요'만 있던 페이스북에 최근 '슬퍼요'나 '화나요'처럼 공감할 수 있는 버튼이 생겼지만 여전히 '싫어요'는 없다. 장시간의 회의, 격식을 갖춘 이메일, 장문의 보고서 대신 언제 어디서나 의견을 나누는 것이 오히려 적극적 소통과 협력을 이끌어 내는 협업의 돌파구다. 네이버 밴드를 활용한 '시공현장, 얼마나 진행되고 있나요?', '이번 광고시안 어때요?', '아, 그거 제가 깜박했네요'와 같은 사례를 http://promotion.band.us/bandstory에서 확인할 수 있다.

6. 경쟁 vs. 협동

■■■■ 아이를 둘 이상 낳는 가정이 점점 줄고 있다. 그럼에도 아이를 키우는 것은 여전히 어렵다. 우리가 겪은 치열한 경쟁에서 아이들이 뒤처지지 않게 하기 위한 모든 노력을 쏟아야만 하는 세상이다.

1등이 아니면 기억하지 않는 세상이라고 외치는 개그맨이 있었다. 웃자고 하는 이야기이지만 쓸쓸하지 않을 수 없다. 1등만 기억한다는 광고도 있었다. 1등을 하고야 말겠다는 의지를 보여 주면서 상품을 사 달라고 한다. 1등을 위한 경쟁! 과연 그만큼 효과가 있을까?

경쟁은 분명 효율적인 체제다. 개인의 모든 역량을 쏟아붓게 하기

1등은 오직 한 명이라는 생각이 협업에 걸림돌이 되고 있다.

때문이다. 요즘은 문학을 하거나 고시에 도전하는 등 철저히 개인적인 경우가 아니라면 혼자 이룰 수 있는 것이 거의 없어지는 것 같다. 노벨상 중 과학 분야는 2인 공동수상이 보편화되어 가고 있다. 그렇다면 경쟁이란 협동을 전제하지 않으면 그 효과가 지극히 개인적인 분야에 한정된다고 볼 수 있다.

1등만 기억하는 세상, 나 홀로 1등이 될 수 있을까?

한 분야를 깊게 판 두 사람이 만나 협동하면 좋은 결과가 나오는 세상이 되어 가고 있다. 이른바 통섭(通涉)이다. 통섭은 사물에 널리 통하고, 서로 사귀어 오고 감이 있다는 뜻이다. 더욱 좋은 결과를 얻기 위해서는 우리 그룹 내에서는 협동하고, 다른 그룹과는 경쟁하는 구도가 되어야 한다. 마치 축구에서 하나의 포지션을 차지하기 위한 경쟁은 치열하지만 다른 포지션과의 협동은 필수인 것과 같다.

나가서 어울려야 이길 수 있다.

형제자매라고 해봐야 하나만 있거나 그마저 없는 요즘 아이들이 살벌한 경쟁에서 이기기 위한 노력을 끊임없이 하고 있다. 부모들도 자녀가 좀 더 나은 대접을 받기만을 원하지, 더불어 잘 사는 협동심을 기르는 데는 무관심한 편이다. 더욱이 요즘은 혼자 놀 수밖에 없는 환경이 점점 많아지고 있다. 아파트 앞에서 여럿이 모여 술래잡기를 하는 아이들도 찾아보기 힘들다. 아니, 아예 없다. 심심해서 도저히 견딜 수 없을 때, 옆집의 친구를 찾기보다는 컴퓨터를 켜거나 스마트폰을 보는 것이 훨씬 쉽고 흥미로운 세상이 되었다.

이런 세상에서 우리 아이가 협동을 잘하는 인물로 성장한다면 성공할 가능성이 높아지지 않을까? 자녀를 밖으로 내보내야 할 이유다. 협동, 즉 협업을 잘하는 아이가 성공할 수 있다.

혼자 하는 마라톤은 완주하기가 무척 어렵지만, 호흡을 맞추는 협업을 하면 완주할 수 있다.

콜라플 비우고 채우기

1등을 위한 경쟁은 외롭고 힘들다. 폐지된 서울대학교 법대는 전국에서 1등만 모인 곳이다. 여기서도 1등을 위한 경쟁을 한다면 1등 외에 나머지 모두에게는 슬픈 일이 아닐 수 없다. 서울대 입학생의 출신 학교를 보면 연세대학교가 가장 많다는 소위 '웃픈' 이야기는 경쟁만이 강조된 사회의 단면이 아닐 수 없다. 협업팀에는 공동 1등만 존재한다.

실패 사례

내부 경쟁은 효과적인 경영 수단일 수 있으나 '부서 이기주의'의 폐해로 실패하기 쉽다. 세계 최고의 전자 회사였던 일본의 '소니'는 사업부가 별도로 독립회사의 권한을 갖고 개별적인 경쟁력을 확보해 각각

1등을 유지하는 전략을 수립했다. 온라인 음악 다운로드 서비스는 소니의 미국 사업 부문과 도쿄의 개인용 컴퓨터 사업 부문이 동시에 개발했다. 협업을 약화시킨 두 사업의 경쟁과 견제로 한쪽에서는 MP3를 거부하고 자사의 휴대용 기기에서만 지원되는 ATRAC 파일만 고집했으며, 다른 한쪽은 '아이튠즈'와 같은 음악 플랫폼에도 적절히 대응하지 못했다.

많은 나라가 외국 관광객의 소비를 장려하기 위해 부가가치세 등의 세금을 면제해 주고 있다. 면세 물품을 국내에서 유통하면 시장이 교란되기 때문에 특정 지역이나 허가된 매장에서 구매할 수 있게 하는 것이 보통이다. 우리나라는 시장 교란을 방지하기 위한 시스템적 협업보다 내부 경쟁으로 면세점을 허가하고 있다. 반면에 일본은 일정 조건이 되면 누구나 외국 관광객에게 면세로 판매할 수 있다. 일본에서 면세품 판매와 만족도는 증가하는 반면 우리나라는 과다한 경쟁으로 면세점의 수익률이 감소하고 관광객의 만족도도 내려가는 추세다.

성공 사례

1등부터 꼴찌까지 줄을 세우는 평가는 고도 성장기에 유효했다. 1등은 계속 새로운 먹을거리를 찾을 수 있었기 때문이다. 성장이 둔화된 현재 시점에서 상대평가는 오히려 경쟁의 폐해를 키울 수 있다. GE, 마이크로소프트, 어도비(Adobe Systems) 등 글로벌 기업들은 성숙기에 접어든 경영 환경과 경쟁 여건에 따라 상대평가를 폐지하고 절대평가를 도입해 기업 성장을 이어 나가고 있다. 구성원들을 평가한 점수를 기준으로 층을 쌓듯이 서열화한 '스택 랭킹(Stack Ranking)'을 주도했던 GE조차도 2015년에 상대평가를 폐지했다.

마이크로소프트는 2013년 '커넥트 미팅(Connect Meeting)'이라는 면담에 기반을 둔 평가 제도를 도입하면서 지난 10년간 유지해 온 상대평가 제도를 폐지했다. 어도비는 2012년에 관리자의 코칭과 피드백을 기초로 한 '체크인(Check-In)'이라는 평가 방식을 도입하면서 경쟁보다는 협력에 대한 가중치를 높여 상대평가를 폐지했다.

7. 남부러운 자 vs. 남부럽지 않은 자

▪▪▪▪ 한 중견기업의 *B*사장은 다른 회사의 *C*사장이 부럽다. 그 회사는 수주도 척척 해낸다. 특별한 이유도 없는 것 같은데 영업이익도 자기 회사보다 거의 두 배나 높다. 그 회사 생각만 하면 밥맛도 없어지고 배가 살살 아파 온다.

배고픈 것은 참아도 배 아픈 것은 참지 못 한다는 말이 있다. 사촌이 땅을 사면 축하할 일이다. 그런데도 배가 살짝 아픈 것은 어쩔 수 없다. 이렇게 배가 아픈 상황은 꽤 자극적인 동기부여로 작용한다. 사촌보다 못할 것이 없기에 목표가 생기고, 그것을 이루기 위해 노력하게 되는 것이다. 우리 경제가 발전하게 된 근본적인 이유일 수도 있다. 배 아프지 않으려고 너무 무리하는 사람들이 가끔 있어서 눈살을 찌푸리게 하는 경우가 있기는 하지만 말이다.

요즘 아이들은 최신형 스마트폰을 갖고 싶어 한다. 한때는 다양한 디지털 기기가 존재했다. PMP, PSP, MP3, 전자사전, 어학기, 디지털카메라 등 몸에 지니고 다닐 것이 정말 많기도 했다. 이 모든 것이 스마트폰 하나로 귀결되어 버렸다.

서로를 시기한다고 내 몫이 커지는 것이 아니다.
협업은 내가 잘하는 부분에 더욱 집중하는 것이다.

최신형 스마트폰을 어떻게 사달라고 해야 할까?

값비싼 최신형 스마트폰을 갖고 싶은 아이들은 부모님께 어떻게 이야기할까? 길동이는 이렇게 한다. "엄마! 저 갤럭시폰 사주세요. 그걸로 음악 듣고, 동영상 보고 놀고 싶어요"라고 한다면 엄마에게 야단 맞을 일만 남을 것이다.

"엄마! 갤럭시폰 사주시면 인터넷 강의도 들을게요. 스마트폰에는 영어사전도 들어 있어서 영어 공부에도 도움이 돼요."

최소한 이 정도는 되어야 엄마들은 음악 듣고, 동영상 볼 것인 줄 알면서도 반쯤 속아 주고 사주게 된다. 다음 학기에 몇 등이 올라야 한다는 등의 이런저런 조건을 달고서 말이다.

춘향이는 조금 다른 방법을 쓴다.

"엄마! 다들 갤럭시폰 샀어요. 제 짝도 있고 위층 애, 아래층 애 전부 갖고 있는데 저만 없어요. 그걸로 공부한단 말이에요."

남부러운 마음으로 채우면 평생 배 아프다.

이렇게 말하면 우리 애는 순식간에 남부러운 애가 된다. 엄마는 안 사주기 어려워진다. 남부러운 상태로 우리 아이를 둘 수 없기 때문이다. 갤럭시S8을 사주면 남부럽지 않은 상태가 되는 것일까? S9이 나오면, S10은 또 어떻게 해야 하나. 단순히 물질적 충족으로 비롯된 남부러움은 배 아픔이다. 내일의 나에 대한 부러움은 훌륭한 동기부여가 된다. 어제의 나보다 오늘의 나를 튼실하게 채우기 위한 비움이 된다.

협업을 통해 내가 잘하는 쪽에 주력해야
내가 못하는 부분은 협업팀원이 잘해 주고 있기 때문이다.

콜라플 비우고 채우기

우리나라에서는 중산층을 30평대 아파트에 배기량 2천CC 자동차는 보유하고 있어야 한다는 등의 물질적인 요소로 판단한다. 소나타에서 바라보는 그랜저, 제네시스, 에쿠스는 나를 배 아프게 한다. 그러나 에쿠스를 타도 불행하다. 앞에 BMW 7 시리즈가 달리고 있기 때문이다. 이런 배 아픔은 우리의 에너지로 작용한다. 다만 행복해질 수는 없다. 자동차도 없고 30평대 아파트도 없는 히말라야 산맥 부근의 부탄 사람이 세계에서 가장 행복감을 느끼고 있다고 한다. 끝없는 협업은 피곤하다. 한 번씩 만족하자.

실패 사례

'갑질' 행위는 다음과 같이 삐뚤어진 우월의식에서 시작된다.

"갑질 행위는 자신의 지위와 직업을 자신의 가치와 동일시하는 데서 나온다. 흔히 자기보다 지위가 낮은 사람이 자신을 존경하지 않는다고 느끼거나 공손하지 않다는 사실에 격분해 모욕감을 주는 것이다. 자신의 분노나 억울함, 짜증이나 우울 등의 감정을 약자에게 전가해 우월감을 확인하는 것이 본질이다."[KBS 배재성 해설위원]

열등의식의 다른 쪽 얼굴(反面)인 우월의식은 회사 내에서 피해자를 양산한다. 한국일보에 따르면 '회사로부터 갑질을 당한 경험'을 조사한 결과, 응답자의 75.9%가 '경험이 있다'고 답했다. 직장인들이 느끼는 회사의 부당한 갑질 1위는 '보상 없는 주말, 휴일 출근'(57.4%, 복수응답)이었다. 다음으로 '강제 야근'(47.4%), '회사 행사 강제 동원'(40.3%)이 뒤를 이었다. 협업의식 없이 상급자의 우월적 지위에서 발현된 '갑질'에 의해 이루어진 업무 수행은 스스로 아무것도 할 수 없다는 자괴감과 무기력만 남긴다.

성공 사례

가수이자 작곡가에 프로듀서이자 성공한 사업가인 윤종신 씨는 SBS 프로그램 〈강심장〉에 출연해 "내가 음악의 전반적인 것을 아는 양 비쳐지는데, 난 피아노도 존박만큼 잘 못 치고, 기타도 기타리스트들처럼 못 치고, 허각처럼 고음을 부를 수 있는 가수도 아니다"라면서 데뷔 때부터 갖고 있던 '엘리트' 이미지에 대한 부담감을 고백했다. 게다가 '015B' 활동 시절, 멤버들이 명문대 출신이라 덕분에 자기까지 지적인 사람이라는 이미지가 생겼다고 했다. 공부를 잘하는 사람들이 음악도 잘하는 것을 보고 느낀 열등감도 솔직히 털어놓았다. 그는 그런 열등감 아래에서 집요하게 노력하다 보니 언제부터인가 누가 누구보다 잘한다는 기준을 넘어 자신만의 음악적 성격이 생겼고, 그만의 영역을 만들었다.

영화감독 이준익 씨도 조선일보와의 인터뷰를 통해 대학도 중퇴하고, 첫 번째 영화 〈키드 캅〉이 실패한 후 자질이 없음을 자각해 열등감을 갖게 되었다고 밝혔다. 그로부터 10여 년 후 영화 〈황산벌〉로 메가폰을 다시 잡아 270만 명의 관객을, 〈왕의 남자〉로 1,230만 명의 관객을 동원한 스타 감독이 되었다. 이준익 감독은 이를 열등의식의 반작용이라고 말한다. 열등한 부분을 채우려는 노력이 있었고, 자신의 일에 성실하게 임하는 원동력이 된 것이다. 성공하는 협업팀은 우리 팀의 열등 요소를 극복하고 채우는 것을 함께하는 팀이다.

8. 웃기다 vs. 웃다

대기업의 *C*전무는 회의나 회식 때마다 유머를 한마디씩 하려고 노력한다. 팀원들은 잘 웃어 준다. 그런데 이상하다. 같은 유머를 친구들에게 하면 전혀 웃지 않는다.

임원쯤 되면 조찬 강의도 참석한다. 부지런한 사람들은 인터넷에서 삼성경제연구소가 운영하는 SERI CEO 강연도 찾아서 본다. 유머러스한 상사가 되라는 말에 열심히 유머를 검색해 본다. 회의할 때나 회식할 때 한 번씩 던지는 일명 '아재 개그'에 팀원들이 잘 웃어 주니 본인도 기분이 좋아진다.

회사 내에 나를 웃게 해주는 사람이 협업팀에 있다. 행복한 하루가 된다.

예쁜 아내 혹은 잘생긴 남편을 얻으려면?

예쁜 아내 쪽을 살펴보자. 예쁜 아내가 있는 남편을 보면 대략 이렇다. 일단 본인도 잘생긴 경우가 많다. 경제적으로 잘사는 사람도 그런 경향이 있다. 무엇보다도 유머 감각이 있는 사람들일 가능성이 높다. 한 줄로 요약하면 '잘생겼거나, 돈이 많거나, 유머가 있는 남자'다. 유머 감각은 이성을 만날 때도 필요하지만 리더에게도 매우 중요하다. 의외로 유머 감각은 갖추기가 매우 어렵다. 돈이야 벌면 되고, 외모는 운동해서 근육을 만들거나 필요하면 성형도 할 수 있다. 그러나 유머 감각은 그런 식으로 만들 수 없다.

하지만 노력하면 안 될 것이 무엇인가. 시도해보라. 우선 시중에 나도는 유머를 열심히 외워 본다. 본인이 소화해서 써먹어야 한다. 그렇지 않으면 썰렁한 개그가 되기 십상이다. 아무 곳에서나 외운 유머를 쓰면 따돌림당하기 쉽다. 유머는 동질 문화에서 웃음을 불러오기 때문이다. 유머에 지역, 인종 등을 폄하하는 경우가 적지 않다. 40대 후반 동창 모임에서 그렇게 깔깔거리고 웃던 '아재 개그'도 30대 팀원이 모인 자리에서는 전혀 웃기지가 않다. 팀원이 웃어 주던 유머를 만능으로 착각하면 절대 안 된다.

웃기기 전에 먼저 웃자.

개그맨 남희석 씨는 웃기기 어렵다면 "먼저 웃어라"라고 말한다. 내 말에 잘 웃어 주는 사람에게 호감이 가기 마련이다. 맞장구만 쳐주어도 좋은데, 웃어 주기까지 하면 그야말로 최고다. 유머러스한 사람이 되려면 잘 웃는 것부터 해보아야 한다. 문득 이렇게 생각하고 보니 TV에 나오는 개그맨들은 정말 잘 웃는 것 같다. 단지 자기들끼리 웃고 난리를 친다고 생각했었는데 개그맨은 웃기는 사람 이전에 잘 웃는 사람인 것 같다.

안타깝게도 나를 웃게 해주는 사람이 협업팀에 없다면
내가 먼저 웃어서 팀원들의 하루를 행복하게 해준다.

일반적으로 말을 조리 있게 해야 설득력이 있을 것이라고 생각한다. 설득력 측면에서 보면 말이 차지하는 비율은 7%밖에 되지 않는다는 '메라비언의 법칙(The Law of Mehrabian)'을 생각해 볼 필요가 있다. 설득력은 말보다는 상대방을 향한 눈빛, 제스처, 의상 등이 더 중요하다. 특히 얼굴 표정이 주는 메시지가 55%라고 한다. 긍정한다고 말하지만 얼굴은 부정하고 있음을 숨길 수가 없다.

그럴듯한 구호로 협업을 시작하지만 팀원의 얼굴이 어둡다면 구호는 구호로 끝나게 된다. 팀원의 얼굴이 환해지는 그것을 준비해야 하겠다. 최소한 상대방의 이야기에 공감하는 미소를 살짝 보여 주면 어떨까? 내가 틈새를 만들어야 상대방도 나의 이야기에 입꼬리가 올라갈 수 있다.

남자들은 종종 여자들의 대화에 알맹이가 없다고 느낀다. 한참 대화를 나누다가 헤어지면서 자세한 내용은 전화로 이야기하잔다. 압구정동에서 친구 민지를 우연히 만난 이야기를 그렇게도 재미있게 한다. 들어 보면 '만났다'는 것 외에 중요한 사항은 아무것도 없다. 압구정동에서? 민지를? 왜! 정말? 그들은 말에 추임새를 넣어 주는 것으로 경청과 공감을 표현하고 있다. 한번 시작해 보자. 한 번씩 웃어 주면 더욱 좋다. 함께 웃어 주는 협업팀에서는 서로를 채워 주기가 훨씬 쉽다.

실패 사례

말도 잘하고 활발한 성격이면 영업사원으로 적합하다고 생각한다. 지원자 본인도 그렇게 생각하는 경향이 있다. 그러나 회사와 본인 모두 자칫 잘못된 길을 갈 수 있다. 『동아비즈니스리뷰』 129호에서는 외향적인 판매사원의 판매 방해 요인, 즉 실패 요인을 다음과 같이 말하고 있다. 고객을 설득하고 제품을 판매하기 위해서는 자신 및 제품에 대한 확신과 열정을 가져야 한다. 하지만 고객의 욕구와 가치를 이해하려는 노력도 필요하다. 외향적인 성격의 판매 직원은 자기 자신에 대해 강한 확신을 갖고 있기 때문에 제품을 팔 때도 고객의 관점보다는 자신의 관점에서 접근할 가능성이 높다.

또 외향적인 사람들은 타인에게 주목받기를 원한다. 반면 다른 사람에게 관심을 가지려는 자세는 부족하다. 주목받기를 원하는 사람들은 고객의 말을 잘 들어 주기보다는 자신이 말할 기회를 더 많이 가지려고 한다. 이런 성향 때문에 외향성이 높은 영업사원은 상품의 장점만 열정적으로 늘어놓을 뿐 고객에게 질문하거나 고객의 상황과 의견을 듣는 데

소홀하기 쉽다. 영업사원이 고객에게 협업하는 자세로 다가간다면 고객은 좀 더 친밀하게 맞이해 줄 가능성이 높아진다. 영업사원이 자신의 상품이나 서비스에 대해 지나치게 강한 확신과 열정을 보일 때 오히려 고객들은 방어심리가 작용해 거부감을 가질 수 있다.

성공 사례

독일 기센대학교의 포거스 박사 연구진은 무표정한 사람이 어떤 일을 실패했을 때에는 심한 벌을 받기 쉽고, 웃는 얼굴의 사람에게는 관용을 베풀기 쉽다고 발표한 바 있다. 미국의 종합 경제지 『포춘』에는 부자들의 70%가 웃는 인상을 지녔다는 발표도 있다. 성공하고 싶으면 미소에 인색하지 말자. 잘 웃는 사람이 성공한다. 저가 항공을 탈 때는 서비스에 대해 크게 기대하지 않는다. 불편함은 감수하겠으나 불친절하지 않기를 기대할 뿐이다. 한국일보가 저가 항공사 '사우스웨스트'의 먼저 웃는 웃음경영을 다음과 같이 소개했다.

공항에서 사우스웨스트 항공의 비행기를 기다리던 고객들에게 출발 지연을 안내하는 방송이 흘러나왔다. 그러나 고객들은 짜증을 낼 틈이 없었다. "출발이 지연되어 불편을 끼쳐 죄송합니다. 보답으로 지금부터 보물찾기를 하겠습니다. 저희 직원들이 공항 내에 매직펜으로 동그라미 표시가 그려진 1달러짜리 지폐 세 장을 숨겨 놓았습니다. 그 지폐를 찾아오시는 고객께는 200달러의 상금과 공짜 비행기 표를 한 장씩 드리겠습니다. 자, 준비하시고 시작!" 고객들은 공항 구석구석을 뒤지면서 신나게 보물을 찾기 시작했다. 출발 지연에 대한 불평은 눈 녹듯 사라지고 말았다. 항공사와 고객이 함께 웃으며 지루한 기다림의 체감 시간을 줄이기 위한 협업을 한 것이다.

9. 캐내기 vs. 버리기

■■■ 대기업의 D본부장은 전혀 생각하지 못한 비용으로 골머리를 앓고 있다. 저임금을 찾아 동남아에 공장을 세우기로 하고 비용 계획을 마친 상태였는데, 막상 가보니 도로도 없고 전기도 부족하다. 그 정도는 미래를 위해 감당하기로 한다.

우리가 쓰는 화석연료는 거저 생기는 것이 아니다. 시간이 갈수록 땅을 점점 더 깊숙이 파 내려가야 한다. 탱크와 파이프도 길게 만들고, 배도 움직여야 한다. 예전에는 1미터만 파도 석유가 나왔다면 지금은 아주 깊이 파야 한다. 바닷속도 파헤쳐야 한다. 화석에너지가 고갈되어 가면서 가격이 오르자 더 깊이 파거나, 모래와 섞였거나 해도 돈이 되기 때문에 채굴을 다시 하기 시작했다. 셰일가스가 그 결과다.

우리가 쓰고자 하는 에너지를 얻어내기 위한 에너지가 그만큼 늘고 있다. 에너지를 얻기 위해 에너지를 쓰다니 정말 아이러니다. 그뿐 아니라 다 쓰고 남은 것을 버리기 위한 에너지도 증가하고 있다. 이산화탄소를 줄이기 위해, 원자력 폐기물을 온전히 보존하기 위한 노력에도 에너지가 필요하다.

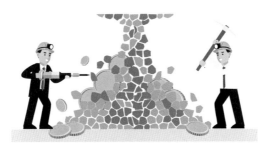

꼭꼭 숨어 있는 그것을 찾아내려니 힘이 든다.
협업에는 에너지가 필요하다. 에너지를 만들어 보자.

얻는 데는 물론 버리는 데도 비용이 든다.

화석연료 사용을 최대한 줄이는 노력이 중요하다. 태양광(열), 풍력과 같은 재생 가능한 에너지원을 더욱 개발해야 한다. 석유는 에너지뿐만 아니라 비료를 만들고, 옷을 만드는 데에도 쓰이므로 재생에너지가 발전하더라도 계속 쓰임새가 있다는 점도 간과해서는 안 된다. 바닷속 석유를 얻으려다 사고가 난 멕시코만의 석유 채굴 구멍으로 얼마나 많은 돈이 들어갔고, 얼마나 자연이 파괴되었는지도 잊지 말아야 한다. 2011년에 발생한 후쿠시마 원전 사고는 처리 비용이 만드는 비용보다 훨씬 더 커지는 대표적인 사례. 비용뿐만 아니라 고통도 수반되었다.

비울 때도 채우는 것만큼 비용과 노력이 든다.

과거의 성공 사례는 지금의 변화된 경영 환경에서 똑같이 적용되지 않는다. 경쟁자의 제품이 변화했고, 사람도 바뀌었다. 그야말로 모든 것이 바뀌었다. 그런데 버려야 한다는 것이 머리로는 이해가 되지만, 가슴으로는 받아들여지지 않는다. 경험과 추억을 버리는 데에는 고통이 따른다. 내가 그동안 힘들게 익히고 지켜 왔던 숙달된 기억들을 버리기 위해서는 때로는 무언가를 새로 만드는 것보다 더 큰 노력과 비용이 수반된다.

협업 과정에서도 버릴 것이 생긴다. 하루 날을 잡아서 한꺼번에 버리자고 생각하기 쉽다.
그러려면 더러운 것을 매일 보아야 하고 그만큼 에너지가 소모된다. 그때그때 버리자.

콜라플 비우고 채우기

약간의 도움이 필요해서 사람을 불렀는데 도움은커녕 일을 망쳤던 경험이 한두 번쯤 있을 것이다. 웬만한 일은 혼자서 또는 기존 팀이 처리하는 것이 빠르고 정확하다. 무엇보다 중요한 것은 속도 편하다는 점이다. 너를 가르쳐서 시키느니 내가 (야근을 해서라도) 해버린다는 마음이다. 사람이 가장 어렵다. 혹시 나를 비우지 않은 상태에서 협업을 요청한 것은 아닌지 생각해 보자.

실패 사례

취업사이트 '파워잡'이 직장인 787명을 대상으로 직장인 경력 관리 및 퇴출 유형을 묻는 질문에 창조적인 변화를 거부해 협업 없는 고립된 '스컹크 유형'이 전체 답변의 17.5%를 차지해 1위를 기록했다. 스컹크 유형이란 북아메리카 쪽의 멸종 위기 스컹크를 빗댄 것이다. 원래 적으로부터 위기를 모면하기 위해 본능적으로 방귀를 배출하는 스컹크가 환경의 변화를 감지하지 못해 지나가는 자동차에도 방귀를 뀌다가 수도 없이 깔려 죽어 멸종 위기에 처한 상황에 착안해 만든 말이다. 즉, 창조적인 변화를 거부함으로써 주변에 출현한 위기에 적절하게 대응하지 못하는 플랜B가 전혀 없는 유형을 말한다.

성공 사례

2011년 3월 11일 일본 도호쿠 지방에서 발생한 대지진 당시 '토요타자동차'는 지진 발생 2시간 만에 생산·조달·판매·인사·총무 5개 부문이 협업하는 비상대책팀을 구성했다. 이튿날에는 최고경영회의를 잠정 중단하고, 현장 대응을 위한 의사결정 권한을 실무진에 대폭 위임한 '선(先)행동 후(後)보고 체계'로 전환했다. 또한 조달 전문 인력 500명을 파견해 지진 현장의 부품 상황을 파악하고 태국 등 대체 공급처 확보에 총력을 기울였다. 그 결과 토요타자동차는 지진 발생 17일 만인 3월 28일, 인기 모델인 '프리우스' 등 3개 차종의 생산을 재개할 수 있었다.

이런 일련의 대책은 미리 준비된 컨틴전시(Contingency) 대응 매뉴얼하에 진행되었으며, 토요타자동차는 이를 통해 대지진의 피해를 최소화할 수 있었다. 컨틴전시 플래닝(Contingency Planning)은 기업

리스크 관리를 위한 주요 방안 중 하나다. 기업 리스크 관리는 정상 상태에서 긴급 상태로 전이되기 전에 이를 예방하는 협의의 '리스크 관리(Risk Management)'와 현실화된 긴급 상태를 정상 상태로 되돌리는 '위기 관리(Crisis Management)'로 구분되는데, 사후 대응의 성격이 강한 컨틴전시 플래닝은 위기 관리에 해당한다. [컨틴전시 플래닝 위기대응 비책 갖고 계십니까, 매일경제, 2012년 6월 1일, http://luxmen.mk.co.kr/]

10. 안 가기 vs. 못 가기

■■■■ 공무원에게 20일쯤 휴가를 보내면 다음과 같은 세 가지 효과
가 있다.

(1) 관광지 매출이 올라간다.

(2) 비리가 사라진다.

(3) 업무 프로세스가 개선된다.

만약 당신 회사에 의지로 1년 내내 자발적으로 휴가를 안 가는 임
직원이 있다면 당장 해고해야 한다.

사장이 1년 중 가장 싫어하는 달은 2월이다. 28일만 근무하는데
월급은 다른 달과 같기 때문이다. 설 명절 연휴까지 끼면 그야말로 생

협업에서도 통이 커야 할 때가 있다. 통 큰 휴식은 통 큰 성과로 돌아온다.

각조차 하기 싫어진다. 임직원이 휴가 가는 걸 좋아하는 사장은 찾아보기 힘들다. 1년 내내 자리를 지킬수록 예뻐 보인다. 휴가를 안 가는 이유는 여러 가지가 있을 것이다.

하나, 본인이 빠지면 문제가 바로 발생한다.

직원이 부품과 같아서 자리를 며칠 비우면 기계가 멈추는 것 같은 문제가 발생한다. 그렇다면 사장은 어떻게 해야 할까? 이 직원을 귀하게 써야 한다. 이 직원은 아파서도 안 된다. 회사의 일정도 이 직원의 일정에 맞춰야 한다. 임직원의 휴가 일수를 체크해 보자. 이틀만 자리를 비워도 문제가 생긴다면 회사는 중병에 걸려 있는 것이다. 바로 프로세스를 진단하는 감사에 들어가야 한다.

둘, 본인이 휴가 가길 두려워한다.

자리를 비운 사이에 누군가 자신의 일을 대신해서는 안 될 무엇이 있기 때문이다. 사장은 이 직원이 예쁘다. 열심히 일하기 때문이다. 그런데 누구를 위해 일하는 것일까? 최소한 사장을 위한 일은 분명 아니다. 당장 수술에 들어가야 한다. 세무서에서 취득세와 등록세 수납을 수기로 하던 시절이 있었다. 수납만 하고 등록 처리를 하지 않은 세무서원이 휴가를 갈 수 있었을까? 요즘은 전산화되어 있을 수 없는 일이지만 그렇게 먼 옛날의 이야기가 아니다.

10을 빼서 90을 100으로 만든다.

온종일 줄다리기를 한다고 생각해 보자. 전원이 쉬지 않고 하는 팀과 10%씩 쉬는 팀이 붙었다. 처음에는 10% 쉬는 팀이 진다. 그러나 점차 상황은 역전된다. 아침부터 저녁까지 100% 힘을 발휘할 수는 없기 때문이다. 100에서 점차 90으로, 80, 70으로 떨어진다. 반대쪽은 10%의 힘으로 90을 유지하고 있기 때문이다. 한 명이 빠지는 것을 극복하기 위해 정보기술을 활용하고, 프로세스를 개선해 원가가 절감되는 것은 덤이다. 무엇보다 중요한 것은 사람에 따라 좌지우지되지 않고 지속 가능한 체제가 된다는 점이다.

즐겁게 하면 협업이지만, 마지못해 하는 것은 동반 야근을 부른다.

콜라플 비우고 채우기

휴가를 보내자. 다녀와서 더 열심히, 잘 일할 테니까. 이렇게 순수하게 기대하는 것도 나쁘지 않다. 반대로 휴가 가는 일수만큼 아깝게 생각하는 사장의 본성을 나무랄 수도 없다. 그러나 자발적으로 또는 비자발적으로 휴가를 안 가고 못 가는 조직은 이미 동맥경화에 걸린 것이다. 오직 그 사람이 그 일을 해야만 하는 극도로 분업화된 조직에서 나타나는 현상이다. 비어 있는 것 같은데 작동을 하는 것이 협업이다.

실패 사례

2004년 공공기관에서 주 5일 근무제를 시작했다. 그럼에도 불구하고 '월화수목금금금' 일할 수밖에 없다고 믿는 조직이 여전히 있다. S전자는 글로벌 경쟁이 심화되자 일의 양으로 대응해 경쟁사보다 두 배 가깝게 근무 시간을 늘렸으나 생산성은 오히려 반으로 떨어졌다. 전일 야근으로 피곤을 해소하지 못한 채 출근해 오전은 대충 때우고 실제 근무는 오후 늦게서야 시작되어 저녁 식사 후 야근하면서 몰입할 수 있었다. 근무 시간 증가로 주력 제품의 출시일을 앞당기고 기능은 추가되었으나, 작은 품질 문제가 점차 누적되어 출시 제품을 폐기함에 최대 7조 원의 손실이 발생했다.

성공 사례

휴가로 긍정적인 효과를 냈다는 여덟 가지 사례. 한 명이 빠져도 굴러가는 협업팀의 모습이다.

(1) 실패하면 보너스에다 휴가까지 주는 구글X

(2) 박 대통령님, 쉴 때는 오바마처럼 쉬세요

(3) 무제한 유급휴가 1년 실시 후 얻은 교훈

(4) 블랙프라이데이에 장사 접고 유급휴가 준다는 회사

(5) 미국 잘나가는 IT 기업들의 출산 휴가

(6) 세종대왕도 보내준 휴가, 꼬~옥 찾아 먹자

(7) 월급 줄 테니 무제한 휴가 가라는 회사들

(8) 휴가비 800만 원, 업무 금지가 룰

기타 자세한 내용은 티타임즈(www.ttimes.co.kr)에서 확인할 수 있다.

11. 허준과 동의보감

양의학에서는 한의학의 비과학성을 비판한다. *CT, MRI,* 피검사, 요검사 없이 진맥으로 진단하는 한 한의학은 비판에서 자유로울 수가 없다.

1991년에 아주 재미있게 읽은 책 중 하나가 『소설 동의보감』이다. 이틀 동안 다 읽어 버렸을 만큼 허준의 인생은 흥미진진했다. 대학 동창이자 직장 동료였던 친구는 그 책을 읽고 나서 "여태까지 허준처럼

[출처: 허준박물관]

금과옥조를 지키는 것은 좋으나, 협업으로 시대에 맞춰 새로 함께 만들어야 한다.

집중해 본 적이 없다. 해봐야겠다"라며 고시공부를 하겠다고 퇴사할 정도였다. 그 친구는 결국 합격했다.

그렇게 집필된 동의보감은 임진왜란 시절, 즉 420여 년 전에 출간 되었지만 아직도 그대로 적용되고 있다. 한의사가 의학적 근거로 말 하는 동의보감과 허준이 현대에도 살아 있는 셈이다. 2000년 초반에 한의대는 대학 입시에서 최고점을 차지할 만큼 인기가 높았다. 상위 0.1% 이내로 공부를 잘했던 그들이 한의사가 되어 실력을 발휘할 시 기인데 그들마저도 동의보감만을 끼고 있다면 400년 전이나 지금이나 달라지는 것이 무엇이 있겠는가?

모든 것을 할 수 있다는 것은 하나도 제대로 할 수 없다는 것.

인체는 매우 신비로운 것이라 탐구하면 탐구할수록 어렵다. 양의 학에서는 전공 분야가 점점 세분화되고 있다. 외과만 해도 일반외과, 흉부외과, 정형외과, 성형외과, 신경외과 등으로 나누어진다. 반면 동 네 한의사의 진료 과목을 보면 모든 병을 치료한다. 한의학에서는 수 술을 하지 않으니 내과를 살펴보도록 하자.

양의학은 감염, 내분비대사, 류머티즘, 소화기, 순환기, 혈액종양, 호흡기내과로 분화되었다. 나이와 집단으로도 나누어 내과와 청소년 소아과, 그리고 가정의학과가 있다. 통상 한의원의 진료 과목은 이렇 다. 외과, 정형외과, 신경외과, 내과, 이비인후과, 소아과, 비뇨기과, 피 부과, 산부인과 등이다. 한의사는 이 모든 것을 혼자 한다. 가능한 일인 지 궁금하지 않을 수 없다.

자신 있는 분야만 남긴다.

협업은 분야별로 실력 있는 사람이 모여 함께 일하는 것이다. 혼자 하면 협업할 일이 없다. 한의사도 분야별로 특화해야 한다. 모든 것을 다루는 동의보감을 쪼개고, 다시 엮어야 한의학이 살 수 있다. 한의사는 피검사와 요검사를 하지 못하면 요로에 세균이 침투해 생긴 열을 진단할 수 없다. 이 상태에서 한 의료 행위는 '돌팔이 의사'의 행위와 같다. 21세기에 과학 도구를 사용하지 않고 체질, 열, 담, 화 등과 같은 진단만으로는 제대로 치료를 할 수 없다.

속을 들여다보아야 병의 원인을 찾듯, 협업에서도 속을 들여다보아야 하며
그에 필요한 도구가 주어져야 한다.

콜라플 비우고 채우기

진단 기기 사용에 한의학계와 양의학계가 대립하고 있다. 한의학계가 진단학을 커리큘럼에 정식으로 추가하면 될 일이다. 양의학도 처음에는 영상진단학이 없었다. 영상이라는 도구가 진단에 쓰이고, 마취가 치료에 쓰이자 그것들을 전문화했다. 현재는 영상진단 전문의와 마취 전문의가 타 분야와 협업하고 있다. 한의학계에서도 이를 받아들이면 될 일이다.

실패 사례

협업 없이 한 사람이 모든 것을 처리하고 해결하는 것을 경계하는 고사성어 '만기친람'의 실패 사례를 2014년 3월 26일 경남도민일보에 실린 언론인 정운현의 글에서 발췌한다.

"상서(尚書) '고요모(皐陶謨)' 편에 '일일만기(一日萬機)'라는 말이 나온다. 이는 천자(군주)는 하루 동안에 만 가지 일을 처리한다는 뜻이다. '만기친람(萬機親覽)'이라는 말도 여기서 유래했다고 한다. (중략) 근자에 박근혜 대통령의 '만기친람'이 세간의 입길에 오르내리고 있다. 박 대통령이 규제개혁장관회의를 신설해 직접 주재하기로 하면서 기존 대통령 직속 규제개혁위원회는 설 자리를 잃게 되었다. 결국 민간 위원장은 지난달 초 사표를 냈고, 정부 쪽 실무자인 국무조정실 규제조정실장도 두 달째 공석이다. 박 대통령은 또 통일준비위원회를 신설해 스스로 위원장을 맡기로 했다. 이렇게 되면 헌법기구인 민주평화통일자문회의는 존재 이유가 없어진다. 이건 아니다. 대통령이 앞장서서 국정을 이끌고 챙기는 것은 바람직하다. 그러나 국정은 직위별로 권한 위임이 되어 있고 업무 영역도 나뉘어 있다. 그런 것을 체계화하고 조직화한 것이 바로 시스템이다. 그런데 대통령이 오지랖 넓게 나서서 매사를 다 챙긴다면 장·차관이나 정부 기관장들은 팔짱 끼고 구경만 할 수밖에. '만기친람'을 앞세운 대통령의 과도한 의욕은 국가의 기존 조직이나 계획을 한순간에 엉망으로 만들 뿐이다. (후략)"

성공 사례

고등학교 야구는 가장 잘하는 선수가 투수면서 4번 타자인 경우가 많다. 공격을 잘하는 축구선수는 수비도 잘한다. 아마추어 스포츠에서 자주 볼 수 있다. 프로에서는 타자 겸 투수를 거의 찾아볼 수 없다. 반면 자기 위치가 분명히 있는 야구에 비해 여섯 명 모두 공격과 수비를 하는 농구는 자기 위치가 불분명하다. 수비도 잘하고, 리바운드도 잘하고, 덩크슛도 잘하고, 3점슛도 잘하는 선수가 이론적으로 존재할 수 있다.

MBC 〈무한도전〉에 나왔던 '스테판 커리'는 전체적으로 부족한 선수였다. 부상도 잦았다. 부상은 웨이트트레이닝으로 극복했으며, 특히 대부분의 농구선수들이 팔과 가슴 근육을 강화한 것에 반해 커리는 허리와 옆구리 근육에 집중하는 등 전체적인 균형을 강화했다. 이런 노력을 통해 3점슛에 집중했고 시선, 각도, 점프 등을 지속적으로 개선해 3점슛의 일인자가 되었다. 협업은 본인이 가장 잘하는 것에 매진해 팀에 공헌하는 것이지 모든 것을 다 하는 것이 아니다.

4장 요약

　　월요일마다 새로운 것을 시작하려는 의지가 교통체증을 일으킨다. 시작하는 것은 쉬우나 오히려 그만하기가 더 어렵다. 방전이 되어야 충전도 된다. 월요일을 그만할 것을 정하는 날로 정하는 것도 필요하다. 모든 것이 완벽할 필요는 없다. 적정해야 한다. 진정 완벽해야 할 때는 바늘 한 땀도 허용해서는 안 된다.

　　그러기 위해서는 불안감을 이기고 같이할 수 있어야 한다. 그래야 경쟁보다는 협업이 진정한 성과를 낼 수 있다. 남을 부러워하는 사람이 모인 집단은 시기와 질투만이 있을 뿐이다. 남을 웃기려면 내가 먼저 미소 지어야 한다. 버리는 비용이 더 들어갈 때도 있지만 과감하게 버려야 새로운 것을 받아들일 수 있다. 지난날의 성공 경험으로 오늘도 살고 있는지 뒤돌아보자.

5장

지킬 것은 지켜야
흔들리지 않는다

흔들리는 갈대를 탓하지 말고
지켜야 할 뿌리가 없음을 두려워하라

1. 구글과 대기업

■■■■ 팀워크 향상은 인사관리 분야의 핵심적인 관심이자 과제다. 구글은 구성원 출신, 개인적 관심 등은 팀 성과와 인과관계가 없다고 결론 내렸다. 의미 있는 일을 목표로 삼아 구체적인 계획을 안정적으로 서로 믿으며 실행해야 성과가 나온다는 점을 알게 되었다고 한다.

'티타임즈'의 이해진 기자가 '구글' 인사팀에서 2012년 시행한 '아리스토텔레스'라는 프로젝트를 취재한 적이 있다. 구글은 어떤 팀이 잘 뭉쳐 협력하고, 어떤 팀이 와해되는지를 알아보고자 했다. 처음에는 팀 구성에서 찾아보았다. 관심사가 비슷한 사람들, 보상의 방법, 같은 취미, 학력, 내성적 성격, 외향적 성격, 남녀 비율까지 구글은 성과가 좋은 팀들의 공통분모를 찾기 위해 노력했지만 헛수고였다고 한다. 유사한 패턴을 찾을 수 없었다는 것이다.

팀 구성에서 유의미한 차이를 찾지 못한 구글은 팀 문화에서 성공적인 팀과 그렇지 못한 팀을 가르는 몇 가지를 알아낼 수 있었다. (1) 상호 신뢰, (2) 심리적 안정, (3) 목표, 역할, 실행 계획 등 타깃의 명확함, (4) 일의 의미가 그것이었다.

바보야! 문제는 상호 신뢰와 심리적 안정이야.

(1)과 (2)는 어찌 보면 당연한 것이고, 같은 말이다. 서로 믿음이 있어야 심리적으로 안정될 것이며 팀워크가 자연스럽게 나올 것이다. 문제는 믿음을 어떻게 줄 것이냐는 점이다. 구글은 1년여 동안 300개 이상의 팀이 일대일 대면 대화를 늘리도록 했다고 한다. 그 결과로 심리적 안정감이 6% 증가했다고 한다. 심리적 안정감이 수치로 표현될 수 있을는지는 의문이 들지만 아무튼 마음에 맞는 사람으로 팀을 구성하면 성공적이라는 것이다.

협업에서 가장 중요한 요소를 꼽으라면 상호 신뢰다.

목표, 역할, 실행 계획 등이 명확해야 하는 것은 좀 더 구체적인 부분이다. 리더가 할 수 있는 분명한 범위다. 이 과정에서 신뢰가 있으면 더욱 잘될 것이다. 일의 의미는 팀의 과제가 나에게도 의미가 있느냐는 것인데, 그 형태는 여러 가지로 나타날 것이라고 생각된다. 보상이 있어야 의미가 있을 것 같기도 하다.

같이 일하는 것은 결코 쉬운 일이 아니다. 팀원의 심리도 꿰뚫고 있어야 한다. 무조건 '돌격 앞으로'만이 능사는 아니다. 내가 팀원의 믿음을 얻으려면 배려를 해야 할 것이고, 그러려면 자기희생이 뒤따라야 할 것이다. 이런 팀원이 모인 팀이 큰 성과를 낸다는 것은 자명하다. 그러나 많은 팀이 배려를 하지 않고, 본인보다는 타인의 희생을 요구한다. 그러니까 '성공적'이라고 말할 수 있는 팀이 별로 없는 것이다.

구글의 실험과 같이 안정과 신뢰만으로는 6% 정도만 효과가 있다고 한다. 이 수치야말로 협업, 그러니까 같이 일하는 것이 어렵다는 것을 다시 한 번 확인해 주는 사실이라고 할 수 있다. 바로 뒤에 니오는 '악독한 상사 vs. 편안한 상사'에서 악독한 상사가 성과를 만드는 것과 비교해서 생각해 보도록 하자.

협업팀에 '계속 배려를 해주면 그것이 권리인 줄 안다'라는 분위기가 있다면
타인의 희생을 바라고 있는 것이다.

팀을 구성할 때 평화주의자가 한 명쯤은 있어야 한다. 그는 팀의 갈등을 완화하고 함께할 수 있는 분위기를 조성해야 마음이 편하다. 그는 신뢰와 안정으로 평화를 이루는 것으로 역할을 다한 것이다.

실패 사례

A사 회장의 입술은 혁신과 창의를 말하고 권한위임(Empowerment)을 부르짖지만 실제 관리 행위는 강한 지시−통제 중심의 위계적 질서를 유지하고 있다. B사 부장은 친밀감을 이유로 경어를 일체 쓰지 않는다. 심지어 공개회의 석상에서 욕설이나 모욕적인 발언을 아무렇지도 않게 사용한다. B사 부장은 그간의 실적 때문에 좀 더 많은 인원을 지휘하는 상무로 진급이 예정되어 있다. C사 회장은 회의 말미에 항상 회사가 지원해 줄 것이 있느냐고 묻는다. 아무도 대답하지 않거나 원칙적인 이야기만 한다. D사는 이력서에 부모의 고향까지 적고, 사장은 임직원의 학력을 줄줄이 꿰고 있다. 특정 지역 출신의 임원이 없고, 특정 학교 출신이 많다. E사는 실수가 없는 완벽한 회사다. 한 번의 실수는 퇴사를 의미하기 때문이다. F사는 윤리경영을 위한 헌장과 세부 지침이 있다. 그러나 사장은 그 내용을 전혀 모른다. 우리 회사에서도 이런 경우가 있다면 협업을 위한 신뢰에 이미 구멍이 뚫려 있다고 보면 된다.

성공 사례

세계적인 온라인 신발 회사 '자포스'의 최고경영자(CEO) '토니 셰이'는 매일 아침 7시부터 자정까지의 일정을 수년간 직원들에게 공개하고 있다. 여기에는 이메일 개수, 면담하는 직원의 이름, 회의하는 부서나 거래처 이름 등이 모두 적혀 있다. 그가 이렇게 하는 이유는 직원들과 개방적이고 정직한 신뢰 관계를 구축하기 위해서다. 미국의 경제 전문 매체 '비즈니스 인사이더'는 "미국 직장인 중 회사에 강한 소속감을 느끼는 사람의 비율은 평균 31.5%인데, 자포스는 82%에 달한다"라고 분석했다. 스탠퍼드대학교 '조엘 피터슨' 교수는 "리더의 진실성은 신뢰도가 높은 조직을 만드는 필수 요소"라며 "투명하게 정보를 공유하는 원활한 커뮤니케이션은 신뢰를 강화하기 위해 반드시 필요한 연료"라고 말했다. 이는 협업의 윤활유이기도 하다. [최근 주목받는 리더의 자질 '신뢰 경영', Weekly BIZ, 2016년 12월 3일, http://biz.chosun.com]

2. 악독한 상사 vs. 편안한 상사

성공학에서는 인정해 주고 격려하고 배려심 있는 리더십을 강조하고 있다. 현실에서도 그럴까? 나를 편하게 해주는 상사가 승진하는 경우를 찾아보기 어렵다. 오히려 부하 직원의 퇴사율이 높은 악독한 상사가 승진한다.

앞에서 구글의 발견을 살펴보았다. 성공적인 팀은 상호 신뢰와 심리적 안정이 있어야 한다는 내용이었다. 승진을 거듭해 임원까지 되고 경영진급에 올라간 이들은 성공적인 팀을 이끌었을 테니 그 아래에 있던 팀원들은 상호 신뢰와 심리적 안정이 있어야 마땅할 것이다. 과연 그럴까?

악독한 상사에 대한 정의는 다양할 수 있다. 사장에게 어떤 보고를 하라는 지시를 받은 A상무와 B상무를 보자. A상무는 사장의 이번 지시가 어떤 의미가 있는지 팀원들에게 설명한다. 이어서 목표와 역할, 실행 계획을 설정한다. 이때 팀원과의 상호 신뢰 아래 심리적으로도 안정감이 생기도록 한다. 아름다운 모습이다. 다만 사장은 좀 기다려야 할 것이다.

B상무는 배경 설명이 없다. 사장의 지시를 받자마자 즉시 팀원들을 불러 보고서 작성을 지시한다. 내일 아침에 보자고 한다. 팀원들과의 상호 신뢰는 물론 그들의 심리적 안정도 고려하지 않는다. 당연히 팀원들은 오늘 저녁 중요한 개인 약속이 모두 날아간다.

착한 협업팀원은 남에게 시키지 않고, 그 일을 본인이 한다.
그를 대우하지 않아 팀에서 빠지면 당신이 그 일을 해야 한다.

내일 아침에 보자는 사장 지시에 어떻게 대응하는가?

A상무는 성공적으로 팀을 이끌면서 며칠 후 보고를 하고, B상무는 성공적이지 못한 팀을 이끌면서 다음 날 보고한다. 이런 일이 반복되면 결국 B상무가 전무로 승진하게 된다. B상무는 아무 생각 없이 있던 것이 아니다. 사장의 지시를 정확하게 파악하고 신속하게 움직였다. 그는 팀원들에게 적절하게 임무를 배분하고, 그 결과를 잘 정리해서 보고서를 만들었다. 그 과정에서 팀원의 사생활과 같은 요소는 전혀 고려하지 않았고, B상무가 전무가 되는 사이에 달라진 것이라곤 팀원들의 이직률이 높아졌다는 것이다. 심지어 팀원들의 마음에는 '내가

B상무에게 그런 소리를 듣느니 해주고 만다'라는 체념 아닌 체념까지 생겨났다.

　삼성이나 현대자동차와 같이 조직 문화가 빡빡한 경우에 A상무보다 B상무를 경험한 팀원이 많을 것이다. 20세기에, 그리고 지금까지 성공한 모델이기 때문이다.

놀면서 성과를 내는 협업팀원은 없다. 놀면서 성과를 내는 상사도 없다. 너무 일만 해서 문제다.

아무리 악독해도 예측 가능성과 일관성은 있어야 한다.

　이렇게 사장이 빠르게 일 잘하는 B상무를 전무로 승진시키는 사이에 회사의 조직 문화는 피폐해지고, 부서를 넘은 협업은 사라지게 된다. C상무와 D상무가 B상무를 지원할수록 그런 상황은 더욱 악화된다. 하지만 B상무도 최소한 다음과 같은 사항을 지켜야 길게 갈 수 있다. '구글'에서는 예측할 수 있고 일관성이 있어야 좋은 리더라고 보았다. 상사가 끼어들어 원점에서 다시 시작한 쓰라린 경험이 모두 있을 것이다. 상사가 갑자기 방향을 틀어 버리지 않는다면 까짓것 퇴근이 늦어져도 해낼 수 있다. 아무리 악독한 B상무라도 사장에게 내일 아침에 보고해야 하는 상황을 팀원들과 공감해야 한다. 자율적으로 일한다고 느끼게 하면 팀원들은 모시기 어렵고 일을 많이 해야 하지만 리더로 인정하게 된다. 그럼에도 불구하고 다음에도 에너지를 쏟게 하려면 상호 신뢰와 심리적 안정이 형성되도록 해야 한다.

콜라플 지키기

악독한 상사의 성공은 진정한 성공이 아니다. 그들이 영전해 갔을 때 팀원들은 손뼉을 치며 속 시원해할 것이기 때문이다. 악독한 상사는 외로워졌을 때, 주위에 아무도 남지 않는다. 때를 기다린 팀원들은 외면함으로써 희열을 느끼기 때문이다. 하지만 때로는 자신의 저녁을 희생해서라도 편안한 A상무를 승진시켜야 한다. 모시기 편한 상무가 퇴사한 후 어떤 상사가 올지 생각해 본다면 말이다.

실패 사례

조직에 SSKK문화가 있는 기업이 있다. SSKK란 "시키면 시키는 대로 하고, 까라면 깐다"는 뜻이다. 그 기업들은 SSKK문화를 통해 꽤 많은 양적인 성과를 이룬 경험이 있다. 현대자동차에서 외국인으로 가장 높은 직책(상무)에 올랐던 '프랭크 에이렌스'는 빨리하는 것이 중요한지, 잘하는 것이 중요한지를 묻는다. 예를 들어 집에서 배관을 수리할 때, 빨리 고치면 좋지만 6개월 뒤에 파이프가 터져 물난리를 겪는다면 또 어떻게 할 것이냐는 말이다. 서울대학교 윤석화 교수는 리더가 구성원들에게 비인격적이고 지나치게 강압적일 때, 구성원들은 자신의 지식을 공유하지 않을 뿐만 아니라 동료의 지식도 받아들이지 않는다고 말한다. 리더의 강압적인 행동은 구성원들의 생각을 경직시키고 시야를 좁게 만들어 동료들과 좋은 지식을 공유할 수 없게 해서 협업을 무용지물로 만든다.

성공 사례

삼성자동차에서 독보적인 영업실적을 올렸던 K가 ○○지점의 지점장으로 발령을 받았을 때, 인력의 3분의 2는 관계사로 가거나 명퇴로 회사를 떠났고 남은 인력들도 딱히 할 일이 없었다. 불확실한 미래로 인해 회사 분위기는 말이 아니었다. K는 삼성자동차가 새 주인을 찾을 때까지 잔류 인력으로 남은 차량 판매와 대고객 서비스를 계속한다는 결정을 했다.

○○지점은 건물의 겉모습은 웅장하고 멋졌지만 사무실과 매장은 정돈이 안 되어 있고, 1층부터 5층까지 뻥 뚫린 건물의 실내는 영하 2도로 보통 추운 것이 아니었다. 고객이 끊긴 지점은 썰렁하기 이를 데 없었고, 무엇보다 K지점장이 참기 힘든 것은 그곳에 근무하고 있던 직원 세 명의 철저한 무관심이었다. K지점장은 먼저 적대감에 가까운 그들의 무관심을 해결하기 위해 노력했다. 그들과 함께 식사도 하고 개인사도 나누며 가능한 한 많은 시간을 보냈다. 개인사를 이야기하다 보면 사람 사는 모습에 큰 차이가 없다는 것을 느끼면서 공감대를 형성하는 단계에 이른다. 그렇게 공감대가 형성되면 마음이 열리고 소통이 시작된다. K지점장은 당시 누군가와 가까워지고 싶다면 개인사를 나누는 것이 지름길일 수 있다고 믿었다. 이런 과정을 통해 개개인과의 신뢰를 회복하면서 진행한 협업으로 ○○지점은 가장 많은 매출을 올리게 되었고, 고객이 가장 선호하는 지점이 되었다. [K지점장의 페이스북 글에서 발췌]

3. 독일 신호등 vs. 한국 신호등

■■■■ 우리나라의 교통사고율은 세계 최고 수준이다. 독일은 교통법 규를 잘 지켜서 사고가 나지 않는다. 프랑스는 오히려 안 지켜서 사고 가 적다. 우리나라는 지키는 쪽이 반, 안 지키는 쪽이 반이다.

독일은 차선을 지키면서 파란 신호등이면 가고, 빨간 신호등이면 선다. 거의 모든 사람이 이를 준수한다. 프랑스는 차선이 없고 신호등 을 보기보다는 사람이 있는지를 본다. 동남아 지역에서는 사람, 오토 바이, 차량이 뒤섞여 움직이는데 사고가 나지 않는 것을 보면 경이로 울 지경이다.

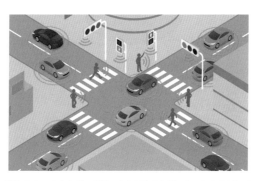

협업에서도 지켜야 할 규칙을 지켜야 인사(人事) 사고가 나지 않는다.

모두 잘 지키거나 안 지키면 사고가 안 난다.

우리나라는 반쯤은 잘 지키고, 반쯤은 안 지킨다. 노란불일 때 속
도를 더욱 높이는 차량이 더 많다. 노란불에서 빨간불로 넘어갈 때 액
셀을 더 밟는다. 브레이크를 밟을 시점에 말이다. 파란불만 보고 출발
하면 사고 나기 십상이다. 실제로 그렇게 해서 사고가 발생한다. 독일
이라면 노란불일 때 일제히 정지할 것이다. 프랑스라면 신호등과 관계
없이 출발해도 되는지 볼 것이다. 사고가 나지 않는 이유다.

협업에서는 일벌백계(一罰百戒), 신상필벌(信賞必罰)이 필요하다.
차도와 인도에 파란불이 동시에 켜져서는 안 된다.

일본도 교통법규를 잘 지키는 나라로 알려져 있다. 도로에 불법으
로 주차된 차량을 찾아보기 힘들다. 고도성장기에 자동차가 급증한 일
본은 1990년대 초까지만 해도 우리나라처럼 불법주차 때문에 몸살을
앓았다. 일본은 주차 위반에 대한 강력한 처벌로 대처했다. 위반한 차
에는 10,000엔에서 18,000엔(한화 약 11만 원에서 20만 원)의 범칙금

을 부과했다. 주차 위반 등에 의해 누적벌점이 7점이 되면 30일간 면허정지 처분 또한 내려졌다. 한 걸음 더 나아가 2006년 도로교통법을 개정해 민간 업체에 주차 위반을 단속하는 권한을 주는 제도를 신설했다. 운전자를 특정하지 못할 경우 차량 소유주에게 벌금을 물리는 조치까지 포함되었다. 이렇게 해서 일본은 골치 아픈 불법주차 문제를 해결했다.

반반이면 분명히 깨진다.

협업에도 지켜야 할 기본적인 규칙(ground rule)이 있다. 언제 오고, 언제 가며, 일지는 어떻게 적는지 일상적인 원칙이 있다. 이슈는 어떻게 제기하고, 회의는 어떤 식으로 개최하며, 결과는 어떻게 정리하는지에 대한 규칙도 형식적이든 암묵적이든 있기 마련이다. 협업에 참여하는 사람들이 반은 지키고 반은 안 지키면 어떻게 될까? 아예 모두 안 지키는 것보다 못한 상황이 된다.

예를 들어 회의 시간을 모두 지키면 단 한 번의 공지로 해결된다. 모두 안 지킨다면, 정말로 참석할 수 있는지 묻고, 진짜 그 시간에 올 것인지 확인한다. 1시간 전에 알리고, 30분 전에 알리고, 10분 전에 알려서 회의 시간을 맞추는 노력을 한다. 반반이면 이것도 저것도 아니게 된다. 안 지키는 경우를 전제로 운영할 수도 있지만, 지키는 50%는 쓸데없는 노력을 들이는 것이 된다. 기본 규칙을 어기는 자에게는 엄벌이 필요하다. 다 같이 잘해 보자는 협업에 어설픈 온정주의가 만연하면 열심히 하는 사람의 노력을 수포로 만들 수 있다. 둘 다 잃을 수 있으니 주의하지 않으면 안 된다.

콜라플 지키기

'좋은 게 좋은 거다'라는 말은 흔히 양쪽 모두에게 좋을 때 쓴다. 10분 먼저 강의를 끝내면 선생도 좋고, 학생도 좋을 수 있다. 그러나 회의 시간에 제때 온 사람과 늦은 사람에게 모두 좋은 것은 없다. 따지기 싫을 뿐이다. 거리에 혼자 나갈 정도가 된 초등학생에게 부모는 항상 이 말을 해야 한다.

"손을 든다고 무조건 자동차가 서지는 않는단다. 파란불이라도 자동차가 선 다음에 건너야 해."

때로는 모두 안 지킨다는 것을 전제로 기본 규칙을 정해 놓는 것도 필요하다.

실패 사례

대학 입시의 실패는 두 가지로 나누어진다. 어떤 대학도 못 들어갔거나, 원하는 대학에 못 간 경우다. 대학수학능력시험(수능) 점수가 모의고사보다 낮게 나와서 하향 지원으로 점수에 맞춰 합격했을 때 학생과 학부모는 학교를 다녀야 할지 고민하게 된다. 원하는 학교에 입학했더라도 전공 분야가 맞지 않는 등의 이유로 한 번쯤은 다른 전공 또는 학교를 생각하게 된다.

학교를 다니면서 한 번 더 대학 입시를 준비하는 것을 요즘은 '반수(半修)'라고 한다. 대학의 서열화와 변화무쌍한 입시 정책이 반수생(半修生)을 양산하고 있다. 학생 처지에서는 돌아갈 수 있는 대학이 있으므로 안전망은 확보했다고 생각할 수 있다. 대학 입장에서는 중도탈락률이 높아져서 재정에 악영향을 미친다. 대학은 이런 반수생이 유리할 수 있는 구조를 그대로 두어서는 안 되는 상황이다. 대표적인 조처로 군 입대를 제외하고 1학기 휴학을 금지한다. 심지어 2학기를 포함해 1학년 휴학을 금지하는 대학도 있다. 반수생은 문자 그대로 반은 대학생으로, 반은 재수생으로 살아야 한다. 많은 협업팀이 두 가지 목표를 갖는 경우가 종종 있다. 그래서 협업이 시작된 것일 수 있다. 반수생과 같은 상황일 수도 있는 것이다.

반수생들은 인생에서 처음 겪는 좌절 앞에 아파하다가 아무것도 정리되지 않은 채 '남들이 하니까' 혹은 '부모님이 권해서' 고3 때와 마찬가지로 휩쓸리듯 반수 대열에 동참하는 경우가 많다. 처음부터 재수를 결심한 경쟁자에 비해 적게는 1~2개월, 많게는 3~4개월가량 수험 준비 기간이 부족하다. 반수로 성공할 수 있으나 그 가능성은 온전한 재수생보다 떨어질 수밖에 없다. 반반으로 시작한 협업팀이 온전히 하나의 목표를 가진 팀보다 성공 가능성이 떨어지는 것과 같은 이치다.

성공 사례

종합병원 응급실은 항상 어수선하다. 글자 그대로 응급한 환자가 들어오는 응급실인데 모순되게도 전문의가 없었다. 각 과의 레지던트가 번갈아 가면서 당직을 서거나 인턴들이 당직을 서며 해당 과를 호출하는 경우가 많았다. 병원 문턱이 낮은 우리나라는 환자들이 모든 종류의 증상으로 응급실을 내원한다. 가벼운 감기, 염좌와 같은 경증 환자와 정말 응급실 진료가 필요한 패혈성 쇼크나 급성·중증 외상 대동맥 질환, 뇌경색과 뇌출혈, 그리고 심정지 등의 환자들도 내원한다.

응급실 의사는 다수의 경증 환자가 밀려오는 상황에서 중증 환자를 발견해 내야 하며, 긴급하게 손을 쓰지 않으면 사망하거나 악화될 수 있는 환자가 예고 없이 찾아왔을 때에는 능숙하고 신속하게 대처해야 한다. 미국과 서유럽에서는 1960년대부터 응급의학을 전문 분야로 인정했지만 우리나라는 1995년에야 응급의학과 전문의가 선발되기 시작했다. 응급실은 자의적인 의료 행위가 이루어져서는 안 되며, 정해진 절차와 원칙을 100% 따라야 하는 전문 협업 영역이다.

4. 성문법 vs. 불문법

▰▰▰ *혁신을 하겠다고 나서는 것은 국회만이 아니다. 회사에서도 혁신을 한다. 수십 가지 경영혁신 방법론도 마련되어 있다. 혁신하는 법이 완성되는 날은 끝이 아니라 시작이다.*

성문법(成文法)은 문자로 표현되고 문서의 형식을 갖춘 법이다. 법정주의(法定主義)라는 측면에서 원칙상 모든 인간의 행위를 규제하는 것은 법으로 정해져야만 할 수 있다는 점이 강조된다. 여기서는 인간의 행위 하나하나를 미리 규정할 수 없다는 것이 문제로 남는다.

세상의 모든 일을 법으로 규정할 순 없다.

불문법(不文法)은 법규범의 존재 형식이 제정되지 않은 것을 말한다. '제정(制定)'되지 않았을 뿐, 따라야 할 법은 문서로 존재한다. 판례다. 독일에서 전파된 대륙법계는 성문법 체계이고, 영국과 미국에서 시작된 영미법계는 불문법 체계다. 성문법에 가까운 우리나라는 로스쿨 도입 전까지 사법고시 한 번으로 법률 서비스의 배타적 권리를 부여한다. 미국에서는 로스쿨에서 수많은 판례를 공부하고, 그 후에 법에서 부여하는 배타적 권리를 차근차근 갖도록 한다.

협업의 규칙을 정하는 것은 쉽다. 그 규칙을 지키는 것이 어려운 것이다.
규칙을 어긴 협업팀원을 어떻게 할 것인지는 더욱 어렵다.

우리 사회는 성문법적인 요소가 강하다. 어제의 법을 오늘 바꿔서 진행하는 것을 너무 쉽게 생각하고 있는 것은 아닌지 생각해 볼 필요가 있다. 정부의 정책도 정권에 따라 하루아침에 바뀌는 것이 다반사다. 불문법 체계에서는 지난 정권이 법으로 대못을 박았다 해도 다음 정권이 역시 법으로 빼버리는 성문법적인 사고방식이 허용되지 않는다. 우리가 불문법적인 요소를 강화한다면 법으로 대못을 박는 행위 자체가 이루어지기 어려울 것이다. 성문법보다 불문법 체계에서 예측 가능성이 높아질 수 있다.

내재화, 체득화는 성문법을 불문법화하는 고통스러운 변화다.

헌법과 같이 최상위 법은 성문법으로 존재해야 한다. 선언 같은 역할을 하기 때문에 그렇다. 세상의 모든 일을 법으로 미리 규정할 순 없다. 법에서 빠지는 부분은 판례와 같은 불문법 체계를 따라야 하므로 두 법체계는 사실상 공존하고 있다. 우리가 성문법 체계이긴 하지만 불문법의 체계를 좀 더 강화해 어떤 정책이든 사회적 합의를 이끌게 하고, 그렇게 정해진 정책은 쉽게 바꾸지 못하게 할 필요가 있지 않을까 싶다.

기업에서의 혁신은 어떨까? 하루아침에 바꿔 버리면 잘 작동될까? 사람을 하루아침에 바꿀 순 없다. 오랜 협업으로 탄생한 혁신의 결과를 내 것으로 만드는 내재화(內在化) 또는 체득화(體得化)·체화(體化) 과정이 있어야 한다.

강한 훈련이 강한 군대를 만드는 것처럼 고도의 협업 훈련은 성과로 돌아온다.

콜라플 지키기

혁신을 위한 프로젝트를 끝내고 나가는 컨설턴트의 마지막 말이 있다. "제 일은 이제 끝났고, 여러분의 일은 이제 시작되었습니다"이다. 성문법을 만드는 일은 컨설턴트가 도와줄 수 있다. 그것을 불문법화하는 것이야말로 뼈를 깎는 고통이자 극복해야 할 대상이며, 남아 있는 협업 대상이다.

실패 사례

미국의 보험 회사인 '사페코(Safeco)'는 1980년대 들어 장기적인 경영전략을 세웠다. 무리한 투자를 하지 않고, 보험업에 집중하며, 매년 적게나마 반드시 순이익이 나도록 하는 것이었다. 이는 안전을 추구하며 천천히 오래가는 기업을 만들려는 의도였다.

그런데 1990년대 들어 보험 업계가 큰 호황을 맞자 사페코에 투자하는 사람이 많아졌다. 그리고 주주들은 공격적인 확장전략을 펼치길 원했다. 주주들의 요구처럼 공격적인 경영을 하면 분명 더 많은 돈을 벌 수 있을 것처럼 보였다. 결국 사페코는 눈앞의 수익에 눈이 멀어 버렸다. '안전'을 버리고 본격적으로 금융 회사들을 인수하기 시작한 것이다.

사페코는 성공했을까? 아니다. 처음 몇 년 동안 반짝 성장을 했을 뿐 금세 몰락해 버리고 말았다. 1990년대 중반, 금융업 전반에 불황이 찾아왔기 때문이다. M&A를 하느라 돈을 다 써버렸던 사페코는 경영난에 빠졌고, 1997년부터 3년 만에 주가가 60% 이상 폭락하는 비극을 맞았다.

물론 어떤 경우에도 전략을 바꾸지 말아야 한다는 것은 아니다. 시장이나 고객, 유통망에 큰 변화가 생긴다면 장기 전략도 수정할 수 있다. 그러나 그것이 단기 수익 때문이어서는 안 된다. 장기 전략은 더 넓은 안목으로 끈기 있게 밀고 나갈 때 소기의 성과를 달성할 수 있다. [IGM과 함께하는 리더의 딜레마 해결, 조선비즈, 2013년 5월 23일]

단기적으로 빠른 결과를 얻기 위한 협업은 꼭 필요하며 매우 유효하다. 그러나 목표를 분명히 해야 한다. 장기적인 전략 목표를 갖고 꾸준히 진행되어야 할 협업에 성과를 강요하면 안 된다.

성공 사례

'동화기업'은 오랜 기간 협업이라는 기업 문화의 내재화에 힘써 왔다. 1995년에 도입되었던 생산현장 제안제도가 그 출발이다. 이후 지속적으로 강조되었던 '변화와 혁신'이라는 핵심 가치는 자연스레 직원들에게 내재화되어 2014년 4,800건, 2015년 5,300건 그리고 2016년 6,300건이 넘는 제안들이 생산현장에서 쏟아지게 만든 힘이 되었다.

물론 처음 이 운동을 도입했을 때는 직원들의 불만도 많았다. 비용을 절감하고 아이디어를 내보자는 부분에 부담감과 거부감이 작용했지만 20년을 지속하면서 이제는 모두가 적극적으로 참여하는 혁신문화 조성의 기반이 되었다. 과거로부터 현재까지 동화기업의 기업 문화를 만든 가장 큰 힘은 바로 꾸준함과 지속성이라 할 수 있다. 동화의 기업 문화 활동은 대부분 10년 이상의 역사를 통해 정례화되고 자연스럽게 직원들에게 흡수되는 내재화 과정을 거쳤다.

가령 대표적으로 소통 활성화를 목적으로 시작된 '열린 광장' 프로그램은 2003년에 시작되어 현재까지 15년 이상 꾸준히 지속되고 있다. 이를 통해 임직원은 격월 단위로 한자리에 모여 경영실적을 공유하고, 새로운 직원들과 인사를 나누고 있다. 아울러 특강과 공연을 통해 동료들과 즐거움도 배가할 수 있는 전통적인 문화 조성의 자리가 되었다. [문성연 ㈜동화기업 인재개발실 문화교육팀 과장, 월간 인사관리, 2017년 4월호 통권 332호]

5. 안마당 vs. 바깥마당

울산의 현대자동차 공장 앞에 있는 식당 주인이 삼성자동차를 구입했다. 현대자동차 직원이 식당 발걸음을 끊으면 어떻게 하느냐고 걱정을 해주는 사람이 늘었다. 그런데 불똥은 엉뚱한 곳에 튀었다. 코앞의 고객도 못 잡으면서 무슨 자동차를 팔겠느냐는 불호령이 떨어졌다.

식당 주인은 결국 현대 차로 바꾸었다. 본인도 도의상 삼성 차를 사서는 안 된다는 것을 잘 안다. 현대자동차 직원이 가장 중요한 고객인데 말이다. 순간 당신은 생각할 것이다. 현대자동차가 식당 주인에게 '갑질'을 했을 것이라고. 사실 식당 주인도 삼성 차를 살 수밖에 없

내 역할을 제대로 해야 동료 협업팀원에게도 요구할 수 있다.

는 어쩔 수 없는 상황이 있었다. 어쨌든 현대자동차 직원은 거의 애원하다시피 해서 현대 차로 교체하게 했다. 중고차로 팔고 신차를 구매하는 비용도 부담하면서 말이다. 안마당에 있는 삼성 차를 현대자동차 고위 임원은 그냥 지나치지 않기 때문이었다.

안마당을 지키지 않은 채 바깥으로 나갈 순 없다.

IMF 시절에 우리를 위로했던 온라인 게임 '스타크래프트'를 돌이켜 보자. 스타크래프트에 열광한 이유는 세 가지가 있었다. (1) IMF 이후 실직으로 인해 게임할 시간이 많아졌다. (2) 개개인이 국가대표로 외국인과 자웅을 겨루었다. (3) 젓가락 사용으로 훈련된 빠른 손가락이 있었다. 회사로 치면 자질 있는 직원이 연습 시간을 충분히 갖고, 승리의 기쁨을 직접적으로 느낄 수 있었다는 것을 의미한다. 스타크래프트에서도 안마당을 차지하는 것이 게임의 승패를 가른다. 안마당에 있는 자원을 빠르게 획득해 병력을 키워 놓아야 하기 때문이다. 우리가 관할하고 있는 영역에서는 절대 놓치지 않고 완전한 승리가 있어야 한다. 이를 위해서는 직원의 실력과 사기가 뒷받침되어야 한다.

큰 목표를 달성하기 위해서는 매일매일 운동하고 건강한 음식을 먹는 것처럼 협업을 해야 한다.

'바깥마당'을 향한 공허한 돌격 외침은 메아리로 돌아온다.

중견기업 B사의 비전은 높고 푸르다. 매출 증대라는 비전이 달성되면 급여도 올라가고 복지도 좋아진다. 하나라도 더 팔기 위해 바깥마당으로 나가야 할 이유가 분명하다. 이렇게 하려면 매년 20%씩 성장해야 하는데 안타깝지만 올해도 달성하지 못했다. 올해의 미달 부분을 고려하면 내년부터는 30% 이상 성장해야 한다.

이런 상황이면 직원에게 비전은 무의미해진다. 더욱 나쁜 상황은 회사의 비전과 나의 비전이 전혀 관계가 없을 때다. 매출목표는 분명하게 1조 원인데, 달성 후 나의 연봉이 얼마인지 모른다면 아무 의미가 없다. 직원의 마음은 여전히 안마당에 있는데 사장은 바깥마당으로 몰고 있는 형국이다. 금년도 목표의 초과 이익을 성과급으로 지급하겠다는 선언이 오히려 직원에게는 비전으로 다가설 것이다.

하지만 달성하지 못할 목표를 제시해서는 안 된다. 잘못하면 실망을 넘어 분노를 살 수 있다. 경쟁사가 지키고 있는 커다란 언덕을 차지하기 위한 공허한 돌격 외침은 메아리로 돌아올 뿐이다. 그렇게 바깥만 공격하다가는 경쟁자로부터 나의 안마당을 빼앗길 수도 있다. 안마당을 지키는 노력과 바깥으로 확장하는 노력 사이에도 협업이 필요하다.

콜라플 지키기

오늘을 마무리하고 내일을 준비하는 것은 매일 해야 할 일이다. 중장기 계획은 올해 목표를 달성했을 때 지켜질 수 있다. 머나먼 미래의 비전만 제시하고 오늘 지켜야 할 것을 무시해서는 안 된다. 단기 계획과 중장기 계획, 그리고 비전을 협업으로 서로 지키도록 한다.

실패 사례

미국의 종합화학 회사안 '듀폰'은 "실적보다 안전이 중요하다"라는 슬로건으로써 안전을 회사 경영의 중요한 가치로 내세우고 있다. 안전이라는 안마당을 지키지 못해 실패한 사례는 셀 수 없이 많다. 501명 사망, 6명 실종, 937명 부상을 불러온 삼풍백화점 붕괴와 191명 사망, 151명 부상, 21명 실종의 대구 지하철 사고, 그리고 최근 일어난 세월호 사고 등 더 이상 언급하지 않아도 될 정도다. 대다수 안전사고는 느슨한 규제와 가벼운 처벌, 전반적인 안전 규정에 대한 무시, 경제적 발전을 우선하는 데에서 나타나는 공통된 원인이 존재한다. 협업은 가시적인 성과를 내기 위해 시작되는 경우가 많기 때문에 결과만 추구하게 될 수도 있다는 점을 절대 잊지 말아야 한다.

성공 사례

베푸는 일이 성공하는 데 더 중요해진다고 말한다. 왜 그럴까? 베푸는 마음가짐으로 모이는 협업이 성공하는 이유와 같다.

"통신과 교통의 발달로 세상 사람들이 더욱더 서로 연결되기(connected) 때문이다. 과거에는 사람들이 훨씬 독립적이고 분리된 채 일했지만, 요즘은 많은 조직이 협업을 하고 팀으로 일한다. 서비스 산업의 폭발적 성장도 한몫했다. 그 분야의 사람들은 손님과 고객에게 얼마나 혜택을 주고 잘 봉사하느냐가 생명이다. 여기에 소셜 미디어가 힘을 보탰다. 페이스북 프로필만으로도 어떤 사람인지 알아낼 수 있다. 나쁜 사람은 금방 들통 난다." [와튼스쿨 애덤 그랜트 교수, 조선비즈 인터뷰 기사, 2013년 7월]

6. 천리안 vs. 네이버/카카오톡

■■■■ 〈응답하라 1988〉에서 추억을 돋게 했던 '천리안'이 2015년 10월 서비스를 종료했다. 2012년 '하이텔'의 후신 '파란닷컴'의 서비스 종료에 이어 이제 PC통신 시대를 풍미했던 이름이 역사 속으로 사라지게 되었다.

천리안의 위험은 최고의 인기를 누리던 전성기 3년 전부터 감지되기 시작했다. 전성기 시절, 그러니까 요즘 말하는 골든 타임에 경쟁자도 준비를 마쳤다는 것이 천리안의 불행이 되었다.

천리안은 멀리 보는 눈을 가졌지만 생각이 다른 사람과 협업하지 않아
바로 눈앞만 보는 근시안이 되었다.

내가 즐기고 있을 때, 그들은 준비한다.

1997년 '다음'에서 무료 웹메일(hanmail) 서비스를 시작했고, 2000년 네이버는 통합검색을 시작해 무료 웹 시대 준비를 완료하고 있었다. 이 시기에 천리안은 유료 사용자 급증으로 즐거운 비명을 지르고 있었다. 2000년에 최고 전성기를 맞이해 1인당 월 1만 원 유료 가입자가 350만 명에 이르게 되었다. 월 매출은 약 350억 원이 되었다. 천리안을 서비스하는 데이콤 주가는 주당 60만 원으로 치닫고 있었다. 2017년 말 현재 데이콤 주가는 주당 주가는 1만 원 수준이다.

다수일 때 소수 의견을 살펴보고 준비해야 한다.

왜 이렇게 되었을까? 한 가지 이유로, 인터넷 시대에는 사용자를 모은 자가 이긴다는 점을 몰랐기 때문이다. 네이버, 페이스북, 트위터 모두 사용자를 모으는 데 주력했다. 사람을 모으고 나니까 비즈니스가 자연스럽게 따라온 것이다. 천리안은 2000년 중반까지만 해도 '너희는 무료 서비스이지만 우리는 유료 서비스다', '너희는 공짜가 몇 백만 명이지만 우리는 유료가 몇 백만 명이다'라는 생각을 갖고 있었다.

다른 하나는 트렌드인지 일시적인 유행인지를 간과했기 때문이다. 천리안이 빠르게 350만 명의 유료 가입자를 모은 것은, 당시 인터넷을 하기 위해서는 전화 접속을 한 후 인터넷으로 넘어가야 하는 특수한 구조, 즉 일시적 유행이었기 때문이다. ADSL(비대칭 디지털 가입자 회선)에 이어 VDSL(초고속 디지털 가입자 망)까지 나오면서 합리적인 가격으로 빠른 인터넷을 하게 되자 저속의 천리안은 더 이상 존재 가치가 없어졌다. 그럼에도 천리안은 초고속 인터넷을 트렌드로 인정하지 않았다. 3~4만 원짜리 ADSL이 비싸서 1만 원으로 인터넷을 하는 사람이 여전히 있을 것이라는 희망을 몇 년간 계속 품고 있었다.

라인은 생활문화가 다른 일본에서,
카카오톡은 기업 문화가 다른 다음과 성공적인 협업을 수행했다.

'카카오톡'이 2010년 서비스를 시작한 지 4년 만에 포털 2위 업체인 '다음'을 인수했다. 인수 이후 다음의 웹 서비스는 점차 축소되고 서비스 중심은 모바일로 가고 있다. 그럼에도 카카오톡은 국내용 서비스라는 한계가 있다. 카카오톡이 내비게이션 '김기사'를 인수해 만든 '카카오내비' 역시 국내용을 벗어나지 못하고 있다.

천리안에서도 트렌드를 다르게 보는 세력이 있었다. 다수 세력이 소수 세력을 인정하지 못하는 분위기에서는 좌절감만 맛보는 이들이 발생한다. 때로는 소수 의견을 가진 인원으로만 팀을 구성하는 것도 필요하다. 천리안은 그들이 새로운 눈으로 제로베이스(zero-base)에서 전체를 재구성해 3년 뒤를 준비하도록 했어야 했다. 천리안도 데이콤 내에서 소수였던 시절이 있었다. 아직은 다수인 카카오톡이 다음 인수 후 해야 할 일이다.

실패 사례

국내 제약 업계 매출 1위이자 존경받는 기업인 U양행에서 영업사원에게 업무용 태블릿 PC를 지급하면서 '개인 위치정보 수집·이용 제공 동의서'를 내도록 했다. 영업사원의 이동 궤적을 파악하겠다는 의도가 숨어 있었다. 영업사원의 위치정보를 수집하고 보관하려면 두 가지 법의 요건을 충족해야 한다. 하나는 위치정보 사업과 위치기반서비스 사업의 허가를 얻어야 하고, 다른 하나는 직원의 동의를 받아야 한다.

U양행은 이동통신사의 서비스를 이용하고 이동통신사가 직원의 동의를 얻는 방법을 택했다. 회사 측은 직원의 위치를 추적할 의도가 없으며, 태블릿 PC를 잃어버렸을 때 단말기를 찾기 위함이라고 설명했다. 영업사원의 성과를 측정하는 방법은 여러 가지가 있을 수 있다. 매출, 수익, 고객만족도 등이면 충분하다. 물론 영업사원의 성실도도 중요한 판단 요소다. U양행은 많은 약국과 병원을 방문하는 영업사원의 성실도가 성과와 직결된다고 생각했을 수도 있다. 있다. 경쟁회사는 시대가 요구하는 다양한 마케팅 수단과 영업전략으로 협업을 하고 있을 때, U양행은 영업사원의 약국과 병원 방문 기록만 챙기고 있었던 것은 아닌지 돌이켜봐야 한다.

성공 사례

스탠포드 경영대학원의 '짐 콜린스' 교수는 저서 『성공하는 기업들의 8가지 습관』에서 혁신 기업 '3M'은 장기적 안목과 전략으로 성공했다고 설명하지만, 성공한 제품들은 이것저것 하다가 우연히 이루어진 것이 많다고 파악했다. 강력한 접착제를 만들다가 실패한 느슨한 접착제로 만든 '포스트잇'이 대표적인 사례. 15%의 여유 시간을 강조하는 3M은 관련된 부분과의 협업 정도를 평가하는 경영 방식을 취하고 있다. 회사의 핵심을 유지하면서 보유한 기술이 고객에게 어떻게 활용될 수 있을까를 개발자의 입장이 아니라 고객의 입장에서 살펴보게 한다. 3M의 제품이 다양하면서도 하나하나 쓸모가 있는 이유다.

7. 큰 품질 vs. 작은 품질

취업이 어려운 상황에서도 두어 개 중 하나를 선택해야 하는 즐거운 고민에 빠지는 경우가 있다. 취업 준비생인 *A* 씨는 *S* 사와 *T* 사를 비교하고 있다. 어디든 장단점이 있지만 어디를 선택해도 후회가 될 것 같아 망설이고 있다.

대학의 신입생 유치 경쟁이 심화되고 있다. 입학 정원보다 입학생이 적어지는 인구 추세가 현실화되고 있다. 긴장하지 않을 수 없는 현실이다. 우리나라 최고 명문 사립대학인 고려대학교와 연세대학교도 홍보 활동을 적극적으로 시작했다. 고려대는 서울대학교 경영학과와

작은 품질도 만들어 내지 못한 협업팀은 큰 품질을 만들어 낼 수 없다.

직접 비교한다. 전통적으로 경영학과에 강점이 있는 연세대에서도 발끈하는 상황이다.

최고는 최고라고 외치지 않는다.

최상위권 대학은 홍보가 필요 없다. 최상위권 학생이 입학하기 위해 갖은 노력을 다하고 있기 때문이다. 문제는 중하위권 대학의 홍보에 있다. 많은 대학이 홍보를 위해 '세계적'이라는 용어를 사용한다. 작은 지역의 국립대학에서 세계 100대 대학을 지향하는 학교라고 광고하고 있다. 이런 홍보전략이 얼마나 효과가 있을까?

우리나라 최고 대학인 서울대학교와 한국과학기술원(KAIST), 포항공과대학교(POSTECH)를 제외하고는 세계 100대 대학에 명함도 못 내미는 상황이다. 작은 지역의 국립대학에서 세계 100대를 운운한들 고교생과 학부모의 감흥을 끌어낼 수 있겠는가?

만족도는 작은 행복에서 나온다.

세계 100위권에 들어가는 학교라는 것은 엄청 큰 장점(Big Quality; BQ)이다. 각종 고시 합격 1위, 입학생 수능 평균 1%, 대기업 정규직 취업률 1위 같은 요소들이 BQ가 될 수 있다. 그런데 BQ가 높은 대학이라고 해서 작은 장점(Small Quality; SQ)까지 높은 것은 아니다. 실제로 서울대의 SQ는 그리 높지 않은 것으로 나타났다. SQ는 학교 수요자에게 작은 만족을 주는 여러 가지 요소인데, 취업을 위한 각종 지원 제도, 어학교육 수월성, 통학 편의성, 커리큘럼, 교직원의 친절성 등이 오히려 학생에게는 매력적인 요소로 작용할 수 있다.

학교의 가치를 높이는 협업이 교수와 교직원 사이에 효과적으로 이루어져
그 결과가 각종 대학평가 순위로 나타나고 있다.

세계 최고를 말하기보다는 재학 중인 학생의 만족도를 높이는 여러 요소를 지표로 삼아 평가하고 부족한 것은 개선하는 것이 중요하다. 이런 SQ를 일찌감치 간파하고 학교 개혁에 나선 영남이공대학교, 숙명여자대학교, 성균관대학교의 전략을 살펴볼 필요가 있다. 이 대학교 학생의 중도 포기율이 얼마인지 다른 학교와 비교하면 어느 정도 답이 나올 것이다.

콜라플 지키기

우수한 인재를 뽑는 가장 유효한 방법은 초임을 높여 주는 것이다. 많은 회사가 이 방법을 쓰고 있다. 연봉과 같은 BQ를 보고 들어가서 SQ 때문에 이직을 준비하고 있는 선배들은 연봉이 전부가 아니라고 말한다. 기간으로 보았을 때 가장 신중하게 골라야 할 대상은 배우자고, 그다음이 직장이다. 배우자를 외모만 보고 선택할 수 없듯이 직장도 외적 요소만 보아서는 안 된다.

실패 사례

전 세계 데이터베이스 관리 시스템(DBMS)의 최강자는 미국의 '오라클'이다. 국내에서도 오라클은 시장점유율 60% 수준으로 1등이다. 2등은 '마이크로소프트'로 30% 수준이며, 나머지 10%를 기타 회사 제품들이 경쟁하고 있다. 특히 오라클은 금융 업계와 같이 보수적인 기업에서 오랫동안 채택해 왔다. 이미 검증되었고, 안정적이며, 가장 많은 엔지니어가 있기 때문이다. 국내 DBMS의 선두 주자라고 할 수 있는 '티맥스데이터'의 '티베로'는 오라클을 경쟁 상대로 시장을 공략하고 있다. 가장 큰 시장에서 가장 큰 경쟁자와 상대한다는 전략이다. 티맥스는 시스템 운영체제(OS)에도 도전하고 있다. 개인용 PC의 90% 이상을 점유하고 있는 마이크로소프트의 윈도 시장도 뺏어 오겠다는 전략이다.

큰 시장에서의 작은 점유율이라도 티맥스 입장에서는 큰 매출이기 때문에 도전할 만하다. 그러나 일정 수준으로 시장에서 자리를 잡지 못한다면 존립할 수가 없다. 구글의 '안드로이드'와 애플의 'iOS'가 98%를 점유하고 있는 스마트폰 시장에서 MS 윈도가 수년간 도전했으나 실패만 거듭하고 있는 것을 타산지석으로 삼을 필요가 있다. 구글과 애플은 먼저 생태계를 조성해 협업이 가능하게 했다. 마이크로소프트는 협업할 이유를 만들지 못하고 있는 것이 성공하지 못하는 이유 중 하나다. 티맥스 역시 협업에 대한 디테일이 부족한 상태에서 큰 시장만 바라보면서 1등 회사와 경쟁하고 있다는 자기만의 세계에 빠져 있는 것은 아닌지 살펴보아야 한다.

성공 사례

명함 관리 솔루션은 명함을 스캔해서 자동으로 인식하는 것에서 출발한다. 글자 인식 오류는 기술이 발전함에 따라 개선되고 있지만 부족한 부분도 있다. 다양해지는 명함의 내용을 분류해 저장하는 것은 자동화로 완전히 해결되지 않고 있다. 결국 자동 인식 후 사용자가 확인하고 수정하는 절차를 거쳐야만 한다.

'리멤버'는 사용자가 명함을 찍어 등록하는 것으로 끝난다. 리멤버에서 입력 처리를 해주기 때문이다. 등록한 명함 사용자가 리멤버에 가입되어 있는 경우에는 직급, 직책, 회사 등이 변경되었을 때 자동으로 업데이트해 주고 알림 서비스를 제공한다. 입력하는 부분의 디테일을 개선했기 때문에 리멤버는 출시 두 달 만에 사용자가 5만 명을 돌파하면서 입소문을 낳고 있다.

명함을 스마트폰에 저장하는 것은 전화가 올 때 누구인지 확인하기 위함도 있다. 리멤버는 명함이 표출되도록 해서 쉽게 누구인지 알 수 있도록 했다. 명함을 단순히 저장하는 것에서 나아가 명함을 활용한 협업으로 확대·발전시킨 디테일로 2014년 1월 베타 서비스 후 2년 만에 가입자 100만 명, 명함 처리 개수 4,000만 장을 돌파했다. 2017년에는 네이버로부터 투자를 받아 포털로 한 단계 더 발전할 기회를 맞고 있다.

'구글'은 좋은 회사다. '안정, 믿음, 목표, 역할, 의미'는 중요한 키워드다. 우리의 경험은 그렇지만은 않다. 악독한 상사가 승진하고, 교통법규를 지키면 손해를 본다. 바로잡을 혁신은 법조문이나 사규로 해결되지 않는다. 이제 협업을 시작했을 뿐이다. 협업은 내재화를 위한 뼈를 깎는 고통이 수반된다. 대부분 언저리만 흉내 내다 끝내곤 한다. 멀리만 보지 말고 안마당부터 챙기도록 하라. 경쟁자는 나의 가장 약한 곳을 찾아내서 공격할 것이다. 주의 경계를 소홀히 해서는 안 된다.

큰 것만 지키면 될 것 같지만 문제는 작은 것에서 비롯된다. 작은 것을 지켜야 큰 것도 지킬 수 있다. 지키는 것은 쉽지 않다. 그러니 무엇을 지킬 것인지 늘 생각하고, 지켜지고 있는지 항상 확인해야 한다.

6장

더하기를 넘어서
곱하기로 도약한다

더할 수 없음을 탓하지 말고
곱할 수 없음을 두려워하라

1. 더하기 vs. 곱하기

■■■ 관련 부서와 협력해 시너지를 내라고 한다. *1 + 1로 3을 만들자고 한다. 그러나 1 + 1로 2는커녕 1.5가 되기 일쑤다. 3 + 3 = 6을 넘어 3×3 = 9로 만들고 싶다. 하지만 시너지는 협업효과에서 협업비용을 빼야 하고, 많은 경우 협업비용이 더 클 때가 많다.*

두 회사의 합병으로 시너지(synergy)를 창출할 것이라는 발표가 '두 회사의 합병으로 둘 다 망하는 길로 갑니다'라고 해석될 때가 많다. 온오프라인 사업을 연계해 시너지를 극대화할 방침이라는 말이 온라인과 오프라인에서 모두 사업이 축소될 것이라고 생각하면 크게 틀리지 않는 전망이 되곤 한다.

시너지는 나누어져 있는 상태로 있는 집단이나 개인이 서로 적응하고, 통합되어 가는 과정을 잘 거쳤을 때에만 그 결과로 나타난다. 그러나 2개의 집단이나 개인이 하나의 목표로 포장된 2개의 목표를 달성하기 위해 소모되는 에너지는 간과하기 쉽다. 동반 상승을 원했으나 동반 하락이 된 것은 시너지를 내기 위한 협업비용이 협업효과보다 더 컸기 때문이다.

협업하면 기본적으로 더하기가 될 것으로 기대하지만,
빼기도 나오고 심지어 나누기도 될 수 있다.

시너지 = 한쪽의 성과 + 다른 한쪽의 성과 + α(협업효과) - β(협업비용)

더하기를 잘하면 시너지가 나올 것이라고 생각하는데, 3 + 3은 6일 뿐이다. 시너지는 3 × 3과 같은 상황을 만드는 것이다. 그래야 협업효과가 더해져서 9가 될 수 있다.

협업효과는 각자의 역할을 더할 때만 나온다.

협업효과(α)가 나오려면 각자의 역할을 더해야 한다. 즉, 1보다 큰 성과를 내야 곱하기 효과가 나올 수 있다. 그러나 협업을 핑계로 조직의 그늘에 숨거나 타 부서에 업무를 전가하는 등 1보다 못한 성과를 내면 협업비용(β)이 발생하게 된다. 0.9 × 0.9는 1에 못 미치는 0.81이 되기 때문이다.

이웃인 일본은 개개인은 보통인데 팀으로 묶으면 최고가 된다는 말을 많이 듣는다. 반면에 우리나라는 개개인으로는 최고지만 팀으로 묶으면 수준 이하가 되는 경우를 많이 본다. 한 명이 부정적인 역할로 마이너스 효과를 내면 곱하기 결과도 마이너스가 될 수 있다. 곱하기는 단순히 더하는 것을 넘어 훨씬 더 정밀하게 조직을 설계하고 운영해야 할 이유가 된다.

협업팀은 언제나 화기애애할 것으로 기대하지만
과정과 결과에 따라 원수지간이 될 수도 있다.

콜라플 곱하기

일을 시작하는 킥오프(kick off) 행사 후 삼겹살 회식 때에는 잘될 것 같다. 그러나 일이 진행될수록 남을 탓하기 시작한다. 협업비용이 발생하는 시점이다. 부정적 요소를 철저하게 규명해서 제거 또는 극복할 계획을 마련해야 한다. 방치하거나 무시하면 마이너스의 크기는 점점 커진다.

콜라플을 도와주는 온라인 도구

요즘은 고객의 의견을 듣고 불만 등에 대한 답변을 페이스북이나 블로그와 같은 소셜 도구(SNS)에 올린다. 고객이 매일 들락거리는 SNS가 홈페이지와 콜센터보다 빨리 고객에게 도달할 수 있기 때문이다. 고객들과 메시지로 소통한 내역으로 서비스의 문제점과 개선 방안을 도출할 수도 있다. 좋은 사례는 입소문을 통한 마케팅도 가능하다. 반대로 나쁜 사례로 인해 발생하는 비용이 걱정될 수도 있다. 피할 수 있으면 좋겠으나, 고객은 이미 SNS에서 그들의 불만을 공유하고 반드시 제대로 대응해야 한다.

협업팀원 간에도 마찬가지다. 서로의 의견을 듣고, 불만에 대한 답변을 같은 방법으로 SNS에서 할 수도 있다. 공격하고 방어하는 제로섬(zero-sum) 관계에서 협업팀원이 더하는 플러스섬(plus sum)으로 가야 하고, 협업팀 밖까지 퍼져 나가는 멀티플섬(multiple sum, 곱하기)으로 갈 수 있도록 SNS를 활용해야 한다.

2. 업무 vs. 추진팀

중견기업 B사는 무슨 일만 생기면 TFT(Task Force Team)를 만들고 워크숍을 열어 문제를 해결하라고 한다. 게다가 워크숍은 근무 시간이 끝난 6시 이후나 토요일에 하라고 하니 TFT에 자발적 참여가 이루어지지 않고 있다.

이슈가 생겼다. '부서 내' 일이면 좋겠지만, '부서 간' 일이다. 실무자 간 협의로 해결이 안 되었고, 결국 사장도 알게 되었다. TFT가 구성되는 순간이다. 사장은 영업부와 기술부 간에 소통이 안 되는 것이 항상 안타깝다. 사실은 영업 쪽의 의견에 살짝 더 귀를 기울이고

협업으로 이루어야 할 목표는 분명하나 발을 잘못 딛게 되면 헤어나기 어려울 수 있다.

있는 상황이다. 영업 기회가 있는데 기술부의 지원이 부족해서 수주가 안 되고 있다는 보고가 여러 차례 있었기 때문이다. 전사 차원의 TFT 외에 기술부에 영업을 지원하기 위한 TFT가 별도로 구성되는 순간이다.

1년 내내 TFT가 구성되지만 해결되는 일도 없다. TFT는 주 1회 회의를 하다가 어느 순간 회의 소집을 안 한다. 되는 일도 없고 안 된 일도 없는 TFT 상황이 지속된다. 상대편에 대해 기대하는 바도 별로 없다. 영업부는 기술 인력을 보강해 달라고 하고, 기술부는 사전에 영업 기회를 공유해 미리 준비할 수 있도록 해달라고 한다. 그렇게 하겠노라고 하고 회의가 끝난다.

TFT에서 치열한 논쟁이 없다는 것의 의미는 무엇일까?

하지만 속마음은 전혀 다르다. 따로 모인 기술부는 영업부를 성토하기 시작한다. 지난번에 A프로젝트를 위해 K기술자를 미리 뽑아 놓았는데 수주에 실패했다는 것이다. K기술자는 할 일이 없는 상태가 6개월이나 지속되는 바람에 결국 퇴사했다는 불만이 터져 나온다. N기술자의 경우에는 채용은 했는데 프로젝트 투입이 1년에 6개월이라, 가동이 안 된 나머지 6개월의 비용을 기술부가 모두 떠안은 잘못된 구조라고 목소리를 낸다. 영업부는 지난번에 뽑았다는 K기술자가 A프로젝트에서 전혀 쓸모가 없었다고 불만이다. 예전에는 한 명이 할 일에 두 명을 투입해서 원가를 높인 탓에 수주율이 떨어지고 있다면서 목소리가 커진다.

TFT에서 속을 터놓고 논쟁을 못하는 것은 이런 문제가 구조적이어서 하루아침에 해결되지 않기 때문이다. 영업부는 미리 기술부에 인력을 준비시킨 후 프로젝트를 수주하고 1년 내내 투입하는 상황이 되어야 하는데 그것이 생각처럼 안 된다. 영업 기회는 매일 달라지고 있기 때문이다. 영업 기회를 기술부에 미리 알려 준다 한들 단기간 투입 인력일 뿐이며, 지속적으로 투입할 수 있는 상황이 아니니 TFT에서 뾰족한 답안을 내지 못한다.

본질을 직접적으로 다뤄야 성공한다.

이번 사례에서는 기술 인력의 비용 처리가 본질이다. 기술부에서는 영업에서 실주 시 어떻게 할 것인지에 대한 대답을 듣고 싶어 한다. "A-1프로젝트는 전략적으로 매우 중요하다. 구체적으로는 이런 기술 인력이 필요하니 준비해 달라. 실주하더라도 6개월의 비용은 영업부에서 감당한다"와 같은 말을 듣고 싶은 것이다. 그리고 나아가 "이번 사업 외에도 A-2와 A-3프로젝트가 기술적으로 유사하니 부담 갖지 말고 먼저 채용을 해달라는 요청을 공식적으로 하라"는 것이다.

이처럼 어느 한쪽의 책임이 100%인 경우는 매우 드물다. 그렇다고 이해관계자에게 균등한 책임이 있는 것은 더욱 아니다. 문제를 해결하는 가장 중요한 열쇠는 한 개다. 둘 다 틀린다는 양비론과 둘 다 맞는다는 양시론은 양쪽 다 움직이지 않을 수 있다. 먼저 움직이는 쪽이 있어야 해결도 시작될 수 있다. 여기서는 비용 처리가 열쇠이며, 비용은 수익자 관점에서 사용자가 부담하게 하는 것이 해결의 첫걸음이 될 수 있다.

협업팀이 극복해야 할 압력이 한두 개쯤은 있기 마련이다.

콜라플 곱하기

문제가 왜 발생했는지 다들 아는 경우도 많다. 그것을 해결하기 위해 다루어야 할 본질을 아무도 이야기하지 않을 때가 진짜 문제인 것이다. 변방을 두드리는 TFT는 협업비용만 올리고 부서 간 불신만 하나 더만들면서 흐지부지 끝나게 된다. 엔진을 개선하지 않고 자동차의 속도를 높이는 것은 한계가 있다.

콜라플을 도와주는 온라인 도구

네이버 밴드를 활용해서 TFT가 해결해야 할 문제를 공개해 게시하고, 모든 TFT 팀원이 의견을 댓글로 달게 한다. 댓글에 대해 추가 의견과 격려 또는 우려는 이모티콘으로도 표현할 수 있도록 한다. 꼭 봐야 할 관련자를 선정해서 즉시 알림이 가게 하고, 주제별로 검색도 할 수 있도록 한다. 이런 공개적 소통은 이메일과 개별적 대면회의로는 얻을 수 없다. 사장은 TFT에서 논의되고 있는 모든 사항을 모니터링하면서 방향을 잡아 주거나 의사결정을 할 수 있다.

3. 나의 목표 vs. 너의 목표

성과달성목표(Key Performance Indicator; KPI)는 현재 기업에서 성과의 측정과 보상의 기준으로 쓰이는 표준이 되었다. KPI는 목표를 설정하고 달성 정도를 측정하는 것이다. 고민은 모두 초과 달성했을 때 생겨난다. KPI는 이런 경우에도 더 잘한 부서를 구분해서 보상한다. 보상 재원은 한정되어 있기 때문에 결국 상대평가로 귀결되기 마련이다.

지금뿐 아니라 1990년 말에도 목표를 설정하고 달성 정도로 부서를 평가했다. 이것이 KPI로 표준화된 것은 IMF 이후에 미국 회사들의 컨설팅을 받기 시작하면서부터다. 'GE'의 '잭 웰치'도 여기에 큰 영향을 미쳤다. 하위 몇 퍼센트는 경력 전환, 즉 퇴사 조치하는 데 확실한 기준으로 쓰였다.

KPI라는 단어로 연상되는 것을 살펴보자. 먼저 삼성전자다. '초과 달성, 성과급, 연봉의 50% 지급'등이 떠오를 것이다. 삼성전자는 종종 미달할 때도 있었지만 2000년 이후 매년 초과 달성이 많았다. 현대자동차도 대략 그러했다.

협업팀의 성과를 평가하는 것은 필수다.
팀에 성과가 있을 경우 마치 초등학교 졸업 때 모든 학생에게 상장을 하나씩 주는 것처럼
협업팀원에게 각자의 역할에 따른 상을 주는 것이 좋다.

그렇다면 중견기업 B사는 어떨까? '미달, 성과급 감축, 과도한 목표, 연봉을 줄이려는 꼼수, 원래 내 봉급이었는데' 등의 생각이 떠오른다. 심지어 목표에 80% 미만이면 성과급을 지급하지 않는다. 영업직군의 경우, 책정된 성과급이 기준 연봉의 15%이므로 적지 않은 금액이었다.

삼성전자, 현대자동차와 중견기업 B사의 차이

삼성과 현대는 전년 대비 증가한 목표를 부여했으나 달성 가능성이 있었다. 달성하니 정말 성과급도 지급되고 인센티브도 추가되는 기쁨을 맛보았다. 1년간 야근을 거듭하고, 팀장에게 시달렸던 기억이 한번에 날아가는 순간이다. 이렇게 15년을 해온 것이다.

반면에 B사는 KPI를 도입하고 목표를 언제 달성했는지 기억이 가

물가물하다. 이에 따라 매년 성과급을 생각보다 적게 받고 있다. 어차피 KPI는 달성할 수 없는 것으로 변해 버렸다. 그렇다면 두 회사는 이런 차이를 모르고 있을까? 씀씀이가 다를 뿐이지 본질은 알고 있다. 한쪽은 KPI와 연계된 성과급을 격려의 수단으로 썼다. 반면에 다른 한쪽은 목표 미달일 때 성과급을 축소하겠다는 생각에 위험 회피 수단으로 사용했다.

협업팀에서 나의 목표와 동료의 목표 달성 정도를 상대평가로 순위를 매겨서는 안 된다.

다른 문제는 성과급의 재원이다. 모두 초과 달성했다고 성과급을 산수식으로 모두에게 줄 순 없다. 이 때문에 '순서'에 따라 보상하게 된다. 타 부서의 불행이 곧 나의 행복이 된다. 협업할 이유가 없어진다. 〈1박 2일〉에서 강호동이 외쳤다. "나만 아니면 돼!"라고.

이런 상황이라면 해답은 오히려 단순하다. 사장이 협업을 강조하는 이유를 다시 생각하면 된다. 협업하면 목표 달성이 더욱 잘된다고 여기기 때문이 아닌가? 그렇다면 공동목표를 갖게 하면 된다. 타 부서의 불행은 곧 나의 불행이 되는 순간이다. KPI와 협업을 연계하면 반대로 타 부서의 행복은 곧 나의 행복으로 변하게 된다.

콜라플 곱하기

KPI는 격려의 수단으로 출발해야 한다. 물론 능력을 최고로 발휘하고, 노력을 최대한 하도록 하는 목표여야 한다. 목표에 사인하는 순간 '올해도 틀렸군'이라는 마음이 아니라 어렵지만 할 수 있다는 마음가짐을 갖게 한다면 KPI는 성공이다. 목표를 높게 설정해 주어야 그나마 움직인다는 생각이 잘못된 건 아니다. 문제는 10% 미달 때문에 KPI에 따른 성과 보상을 하지 않는다는 것에 있다. KPI를 접근 동기로 쓰면 양(+)의 곱하기이지만, 회피 수단으로 사용하면 음(−)의 곱하기로 부작용 역시 배가된다.

콜라플을 도와주는 온라인도구

KPI는 결과에 따른 보상만을 위한 도구가 아니라 같이 달성해야 할 협업목표다. 프로젝트 관리 시스템(Project Management Systems; PMS)은 목표를 세우고, 세부 과제를 설정하고, 일정을 수립하고, 담당자를 지정해 협업이 원활하게 진행되도록 지원해 준다. 그룹웨어에서도 프로젝트 단계별 진행 상황을 한눈에 알아보면서 공유하고 관리할 수 있다. 공동의 목표와 협업하고자 하는 태도도 중요하지만 그것을 구체적으로 실현하도록 지원할 도구도 필요하다.

4. 현대차/기아차 vs. 현대기아차

1997년 외환위기의 중심에는 기아자동차가 있었다. 1998년 기아자동차의 매출은 4.5조 원 수준이었고, 적자는 6.5조 원을 넘었다. 동반부실에 빠질 것이라는 우려가 많았지만 현대자동차가 지분 51%를 확보해 인수한 후 22개월 만에 법정관리를 벗어났다. 웅진, 두산, 금호 등 부실 회사를 인수한 후 회사가 망가지는 것이 일상화된 상황에서 현대기아차는 1998년 이후 제대로 된 협업을 보여 주고 있다.

현대자동차가 기아자동차를 인수한 배경에는 고 정주영 회장의 결단이 있었다는 소문이 있다. 현대자동차의 거의 모든 임원이 기아자동차 인수를 반대했다고 한다. 그러자 정주영 회장은 삼성이 기아자동차를 인수한다면 어떻게 되겠느냐고 물어 한마디로 정리했다고 한다. 기아자동차는 전문경영인 체제였다. 앞서 전문경영인과의 협업을 상기해 보자. 기아자동차의 보고서는 현대자동차보다 훨씬 깔끔했다. 살펴보아야 할 내용도 빠짐없이 있었다. 기아자동차 직원들은 현대자동차의 허술한 보고서를 보고 이런 회사에 인수되다니 하며 탄식했다고 한다.

피인수 회사 입장에서 인수사는 점령군이다.

　피인수 회사인 기아자동차 임직원의 입장에서 현대자동차 직원들이 들어오면 인력 구조조정을 할 것이라고 생각한 것은 자연스러운 이치다. 많은 사람이 현대자동차 직원들이 들어오기 전에 이직을 생각하고 행동에 옮겼다. 이직을 못한 임직원은 업무 파악이 끝나면 구조조정에 돌입할 것이라고 생각하는 것도 틀린 것은 아니다. 많은 회사가 그렇게들 한다. 최근 한화가 삼성의 방산 업체를 인수한 후 일부 일어난 일이기도 하다.

합병 후 진행되는 협업팀은 얻을 것과 잃을 것을 생각한다.
한쪽은 끼우려 하고 한쪽은 빼려 하고 있는 건 아닌지 살펴보아야 한다.

　현대자동차는 기아자동차를 인수할 때 인위적인 구조조정이 없을 거라고 선언했다. 그리고 이를 실행에 옮겼다. 지금까지도 이러한 기조가 이어져 연구개발은 남양연구소에서 같이 한다. 현대자동차와 기아자동차는 플랫폼도 공유한다. 이와 같은 연구개발 부문 통합에 이어 구매 부문도 통합했다. 현재 현대기아차는 1년에 100조 원 이상 구매한다. 양사가 통합 구매함에 따라 절약되는 비용이 어림잡아 1%만 되어도 1조 원이다. 부품 공용화는 당연한 수순이다.

'따로 또 같이'를 실현한다.

　전산 시스템 부문도 화학적으로 합쳐졌다. 차별 없이 '현대오토에
버'에 모이게 했다. 현대자동차와 기아자동차의 전산 시스템을 총괄하
는 이른바 CIO(Chief Information Officer) 조직 역시 통합되었다. 이들
은 같은 공간에서 근무한다. 공간만 공유하는 것이 아니라 인력도 서
로 공유한다. 소속은 현대자동차와 기아자동차로 나눠져 있지만 조직
은 완전히 섞어 놓았다. 책상에 붙은 명찰은 현대자동차의 파란색과
기아자동차의 빨간색이지만 팀장과 팀원은 본래의 소속을 구별하지
않고 일한다. 그들은 현대기아차의 일원으로 전산 시스템을 기획하기
때문이다.

합병 후 협업은 상대방이 들어올 수 있도록 양쪽 집에서 문을 열도록 해야 한다.

진정성 있는 협업을 통해 현대기아차는 글로벌 TOP 5로 발돋음했다. 기아자동차는 1998년 매출 4~5조 원 수준에서 2016년 매출 52조 7,129억 원으로 열 배가 커졌다.

콜라플 곱하기

현대자동차가 기아자동차를 인수하고 과점 체제가 되면서 많은 비판을 받고 있는 것이 사실이다. 그럼에도 현대기아차가 경쟁력을 갖게 된 이유 중 하나는 양사의 협업이다. 각자의 개성을 유지하면서 합쳐야 할 부문은 합쳐 화학적으로 결합했기 때문이다. 현대자동차와 기아자동차가 협업했듯, 협력사와도 상생하는 진정성 있는 협업을 한다면 한 단계 더 상승해서 더욱 튼튼한 글로벌 경쟁력을 확보하게 될 것이다. 국민과의 협업으로 사랑받는 국민차가 되면 더할 나위가 없을 것이다.

콜라플을 도와주는 온라인 도구

2개의 회사가 물리적으로 통합한 후 화학적 결합이 안 되어 각각 운영했던 것보다 실적이 떨어지는 경우가 많다. 여러 이유 중 하나가 정보를 서로 공유하지 않고, 공동작업을 하지 않기 때문이다. 2개의 회사를 하나로 묶기 위해서 자료를 공동으로 관리하는 방법도 효과적이다. 개인의 PC에 저장하고 비공식적으로 공유하던 문서를 회사의 공동저장장치에만 보관하게 한다. 보관된 자료는 보안을 강화하되 공유를 권장해서 화학적 결합을 견인한다. 공동저장장치는 유료로 마련해도 되지만, 구글드라이브, 네이버클라우드, 드롭박스를 무료로 사용할 수 있다.

5. 이스라엘 군대 vs. 한국 군대

███ *그저 한 사람의 사병이었지만 복무 기간 동안 누구한테도 거수경례를 해본 적이 없다. 이스라엘 군인은 계급장이 아닌 무엇을 잘할 수 있는지에 따라 역할이 결정된다. [댄 세노르, 사울 싱어,『창업국가』, 다할미디어]*

이스라엘 군대에서 명령을 전달하고 따른다는 의미는 임무를 완수하기 위한 사람들의 테두리 안에서 정해지는 것으로 여겨진다. 나이와 계층 간의 갈등을 초래하는 계급은 크게 중요하지 않다고 말한다. 이렇게 서열과 상하 관계를 최소화하는 비계급주의 시스템은 우리나라를 포함해 다른 나라 군대에서는 찾아보기 힘들다.

미국 군대만 해도 대위들과 함께 있을 때 소령이 들어오면 모든 대위가 경직되고, 그 후 대령이 들어오면 소령 또한 긴장한다. 우리나라는 상위 계급자가 생활관에 들어오면 경직되는 정도가 아니다. '동작 그만!'이다.

심지어 이스라엘에서는 사병이 장교를 내쫓는 투표를 한다. 당사자에게 가서 당신의 능력이 부족하니 우리를 지휘할 수 없다고 한다. 존칭이 없으니 이름을 부르면서 말이다. 그리고 그의 상관에게 가서 그는 경질되어야 한다고 말한다. 계급보다는 개인의 자질과 능력에 관한 사안이라는 뜻이다.

명령에 따라 살고 명령에 따라 죽는 군대에서도 협업은 이루어진다.

협업팀 구성은 자질과 능력만으로 이루어져야 한다.

우리나라 관념에서는 과도한 측면이 있다. 아무나 상위 계급자가 되는 것도 아니고, 될 만한 자질과 능력이 있는 경우가 더욱 많다. 계급장을 떼고 모여도 팀워크가 작동하고, 계급이 아니라 그의 자질과 능력을 인정하고 믿고 따르는 상황이 되는 것이 중요하다.

MBC <진짜 사나이>는 최악의 협업팀이 될 수 있다.

2015~2016년 인기리에 방영되었던 MBC의 〈진짜 사나이〉는 군대에서 훈련을 통해 하나씩 성취해 나가는 과정을 보여 준다. 대체로 달성 아니면 벌칙이 가해지는 스파르타 방식이다. 상하 관계도 분명하

다. 그러나 잘하는 분야가 무엇이고, 그것을 어떻게 쓸 것인지에 대한 노력은 보이지 않는다. 잘 달리는 사병, 힘이 센 사병, 몸은 약하지만 공간 감각이 뛰어난 사병 등 각자의 자질과 능력이 조화롭게 쓰이는 팀을 보여주었다면 더욱 좋았을 것 같다. 가장 뒤처지지만 끝까지 노력하는 출연자에 대한 감동과 함께 그가 정말 잘하는 것으로 팀에 기여하는 모습을 보고 싶었다.

개개인은 각기 다른 자리에 있지만 멀리서 크게 보면 협업이 진행되는 것을 알 수 있다.

콜라플 곱하기

이스라엘 군대는 무질서해 보인다. 군대의 생명은 상명하복과 일사분란이라고 생각하는 사람에게는 문화적 충격으로 다가온다. 구성원 모두 전투를 잘해서 이기는 방법만 생각하면서 서슴없이 질문하고 답변하며, 지휘자는 "돌격 앞으로!"가 아니라 "나를 따르라!"를 외친다. 세계 최강 군대의 모습이다.

콜라플을 도와주는 온라인 도구

후임자를 훈련시키는 방법 중 하나가 멘토 – 멘토링이다. 현장에서는 자료 몇 개 던져 주고, 저녁에는 식사나 몇 번 하면서 회사 분위기를 전달하는 것에 그치는 경우가 많다. 미국 군대가 강한 이유는 체계화된 매뉴얼을 갖고 있고, 매뉴얼대로 수행하기 때문이다. 우리나라도 사건, 사고가 터지면 매뉴얼이 있다, 없다를 따진다. 외부 지식은 위키피디아를 이용해도 좋다. 구글 검색은 거의 모든 해답을 갖고 있다. 후임자에게 가장 효과적인 교육은 선임자가 정리해 놓은 매뉴얼을 익히는 것이다. 페이스북에 폐쇄 그룹을 만들거나 네이버 카페를 개설해서 회사 전용 위키피디아와 지식인을 무료로 만들 수 있다.

6. 팀장 있는 팀 vs. 팀장 없는 팀

■■■■ 대부분의 법대 수석 입학자의 꿈은 사법고시에 합격하는 것이다. 관료가 되겠다는 말이다. 행정고시, 외교관 후보자 시험에도 나라의 최고 인재가 몰린다. 최고 인재, 즉 관료의 업무 수행 방법을 '관료주의(!)'라고 한다.

우리나라의 전사적자원관리(ERP) 시스템을 굳건히 지키고 있는 '영림원'이 팀장을 없애는 조직 개편을 2015년에 단행했다. 더불어 영업, 컨설팅과 같이 기능별로 나뉘어 있던 조직을 고객 단위로 묶어서 팀을 구성했다. 조직 개편은 기능별로 나누었다가, 고객별로 헤쳤다가

협업은 팀장 대 팀원이 아니라 주도자와 조력자의 구조다.

모였다가 하는 것이 일상다반사니까 특이한 것은 아니다. 조직에 문제가 있으면 있는 대로, 성과가 있으면 있는 대로 매년 붙였다 떼었다 하니까 말이다. 영림원은 조직 개편과 함께 팀장을 없애 버렸다. 조직 개편 1년 후 "요즘 어떻습니까?"라고 물으니 실험은 계속되고 있다는 답이 돌아온다.

자신의 휴가보다 팀장의 휴가를 더 기다릴 때가 있다.

유(有)팀장만 경험한 우리가 무(無)팀장일 때를 상상해 본다. 팀제는 기존의 과 – 부 – 본부 등 계층구조에서 나타난 느린 의사결정, 관료화 등을 막고 팀원 – 팀장으로 이루어진 빠른 의사결정과 팀워크로 성과를 얻고자 만들어진 것이다. 처음에는 교과서와 같이 팀을 구성하고, 팀의 상위자는 최종의사결정자(CEO)가 있도록 구성했다. 그러나 차츰 시간이 지나면서 많은 회사가 팀을 기본으로 하되 상위 조직을 여전히 만들고 있다. 부 – 과 – 계 구조가 그룹, 본부, 부문 등으로 이름만 바뀐 것이다.

반대로 팀제를 도입하고, 오히려 팀 아래에 그룹, 부문을 둔 경우도 있다. 대체로 팀장은 '소대'와 같이 조직의 기본 구성 단위인데, 반대로 된 경우에는 "팀장입니다"라며 나타난 사람이 전무급쯤 되는 일도 있다. 최초에 우리나라에 소개된 팀제를 교과서와 같이 운영하는 곳은 이제 스타트업 말고는 없어 보인다.

앞으로 무(無)팀장 조직에서는 이럴 것 같다. 업무 분장이 좀 더 쪼개질 것이다. 권한에 대한 책임을 점점 더 정의하고, 문서화하며, 합의제가 생길 것으로 예상된다. 이런 일은 적어도 세 사람이 동의해야 진행한다는 식으로 말이다. 그러면 실력을 발휘하는 뜻밖의 인재가 생길 것이다. 반면에 손익에서 '손(損)'이 생기기 시작하면 바로 자멸할 수도 있을 것이다.

팀장이 없어도 팀은 돌아간다.

팀장 없는 조직은 '브라이언 로버트슨' 박사가 고안해 2007년에 소개했다. 홀라크라시(holacracy)는 수직적 위계질서를 없애 의사결정의 효율성을 도모하는 경영조직이다. 미국의 '자포스'에서 도입했다. 자율성을 갖는 '서클'이라는 조직이 프로젝트나 업무 단위로 구성되어 팀장 없이 이른바 홀라크라시로 운영된다. 관료주의(bureaucracy)의 폐해를 극복하기 위한 협업 방법 중 하나로 시도된 홀라크라시가 과연 우리나라에서 영림원을 통해 성공 사례가 나올지 자못 기대가 된다.

때로는 팀장 없이 같은 직급과 연령으로 협업이 진행되도록 하는 것이 효과적이다.

콜라플을 도와주는 온라인 도구

팀장과 팀원의 대화는 의견 수렴의 형태를 가질 수 있으나 결과적으로 지시와 이행이 되기 쉽다. 수평화된 조직에서는 주도자가 있고 협업하는 자가 존재한다. 그룹웨어에서 지시-이행 게시판을 만들어 수평적인 협업으로 보완하도록 할 수 있다. 수평적 협업 지원을 전면에 내세운 '플로우'에서는 해야 할 업무에 대해 주도자를 정하고 관련자와 협의해 진행할 수 있도록 한다.

7. 가상 묶음 vs. 따로따로

컴퓨터 시스템은 하나의 운영체제(OS)와 하나의 응용 프로그램(application program)으로 구성된다. 업무가 늘어나고 사용자가 증가할수록 시스템을 추가하는 분업 체계로 이루어져 있다. 분업화된 시스템을 협업화해서 자원을 공유하고 필요한 곳에는 자원을 더 할당하게 하는 신기술이 등장했다.

인터넷데이터센터(Internet Data Center; IDC)에 컴퓨터 시스템(서버)이 일렬로 정렬되어 있는 것을 볼 수 있다. 서버를 모아 둔 전산실이라는 곳이다. 기계의 특성상 발열이 있기 때문에 식혀야 한다. 반대로 너무 추워도 안 된다. 항온장치가 필요하다. 습기에도 민감하기 때문에 항습장치도 있어야 한다.

서버는 통상 하나의 운영체제와 하나의 응용 프로그램으로 구성된다. 사용자도 제한적이다. 기업이 성장하면서 업무가 증가하면 서버를 추가해야 한다. 사용자까지 증가하면 곱하기로 늘게 된다. 기하급수적이라는 표현이 틀리지 않는다. 서버 증가에 따라 하드웨어 구매 비용이 추가되고, 전기 사용료도 증가하며, 공간도 필요해진다. 관리하는 인력도 추가된다.

전통적인 조직을 하루아침에 버릴 수는 없다. 협업 소통을 위한 온라인 도구로 보완해야 한다.

황당한 점은 A서버는 놀고 있는데, B서버는 바쁜 상황에서 A서버가 B서버를 도와주지 못한다는 것이다. 결국 B서버를 증설해야 한다. 시기적으로도 피크타임을 위해 서버를 증설하지만 그 기간만 지나면 서버는 놀고 있다. 대학에서는 대학입시 기간과 수강신청 기간이 그렇다. 연말정산도 며칠 사이에 해야 하므로 그 시기에 서버가 급격히 요구된다. 분업 체계에서 일어나는 일은 기계도 마찬가지다.

가상화는 논리적 협업 체계를 물리적으로 실현한 것이다.

가상화는 CPU, 메모리, 디스크와 같은 서버의 물리적 자원을 논리적으로 통합해서 사용자 요구에 맞춰 나누어 쓸 수 있도록 하는 기술이다. 1960년대 말에 이론이 확립되었다. 당시는 하나의 서버로 하나의 일을 하는 데에도 갖고 있는 모든 자원을 쓸 때였다. 나누어 쓸 여력이 없었으므로 이론으로만 존재한 상태였다. 최근에 CPU, 메모리 등 하드웨어 용량이 커지고 속도가 빨라지면서 현실화되었다.

한 대의 물리적 서버를 마치 여러 대의 서버인 양 논리적으로 나누는 것이 서버 가상화다. 서버와 마찬가지로 개인용으로 쓰는 PC에도 운영체제와 응용 프로그램을 두지 않고 서버에 있는 자원을 나누어 쓰게 하는 것을 데스크톱 가상화라 한다. 저장장치를 나누어 쓰는 스토리지 가상화와 네트워크를 나누어 쓰는 네트워크 가상화도 있다.

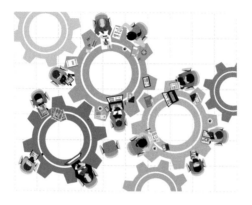

협업조직은 가상의 톱니바퀴가 맞물려 돌아가는 구조다.

약간의 여유는 협업의 필수 조건이다.

가상화를 진행하면 비용이 대폭 절감된다. 하드웨어, 전기, 공간, 관리 인력을 줄일 수 있다. 더욱 좋은 것은 남는 쪽에서 부족한 쪽을 도와줄 수 있는 구조를 이룰 수 있다는 것이다. 여기서 놓쳐서는 안 될 것이 있다. 가상화는 여러 가지 일을 동시에 할 수 있는 여력이 있기 때문에 실현된 것이다. 한 사람이 여러 일을 하지 못하는 환경이라면 '가상화'라는 협업은 오히려 효율을 떨어뜨릴 수 있다.

콜라플 곱하기

그렇지 않아도 일에 허덕이는 팀원에게 협업은 빛 좋은 개살구로 다가온다. 80%는 본인의 일에 집중하더라도 20%는 같이 일할 수 있는 여유를 갖게 하는 것이 120%의 효과를 낼 수 있는 직접적인 방법이다.

콜라플을 도와주는 온라인 도구

가상화 조직은 하나의 조직에 소속되는 것이 아니라, 조직과 관계없이 추진하는 업무와 관련된 협업팀에 참여하도록 하는 것이다. 그룹웨어는 다양한 형태로 조직을 구성하고 필요한 사람이 참여할 수 있도록 해준다. 가상화된 조직으로 메일 송수신, 전자결재 등을 자유롭게 할 수 있다. 그룹웨어는 유료이지만 기본적인 기능과 용량에 따라 무료로 지원하는 서비스도 있다.

8. 하버드대 vs. 서울대

　　질문을 통한 교육과 엄격함으로 유명한 킹스필드 교수는 모든 학생이 힘들어하는 만큼 두려운 대상이고 존경하는 스승이다. 매년 한 번씩 엄청난 과제를 내서 도서관 자료를 선점하기 위한 쟁탈전이 벌어진다. 이른바 '도서관 청소'다.

　　미국 드라마 〈하버드 대학의 공부벌레들(The Paper Chase)〉이 1973년에 방영되었다. 이 드라마를 안다면 연령대를 대략 짐작할 수 있겠다. 미국 로스쿨의 교육 방법인 '소크라틱 메소드'를 사용하고 엄격하기로 유명한 '킹스필드' 교수가 강의를 하고 학생들이 힘겹게 공부하는 장면들이 주로 나온다. 미네소타대학교에서 학부를 마치고 하버드 로스쿨에 입학한 주인공 '하트'가 친구들과 킹스필드 교수, 그리고 킹스필드 교수의 딸과 얽히면서 성장하는 내용이다. [위키피디아에서 발췌]

개인도, 그룹도 할 수 없는 일이 있다.

　　우리나라 로스쿨에서도 이런 식으로 공부하는지 모르겠다. 미국의 로스쿨에서는 혼자서 과정을 이수할 수 없다. 과제의 양이 엄청나기 때문이다. 누구나 최소한 하나의 스터디 그룹에 속해 있다. 협업이 강제되는 상황이라고 보면 된다. 킹스필드 교수는 매년 한차례 엄청난 과제를 준다. 혼자서는 물론 1개의 스터디 그룹에서도 할 수 없을 정도의 과제다. 과제를 수행하기 위해 무엇보다 중요한 것은 자료를 확보하는 일이다. 도서관 확보 전쟁이 벌어진다. 각 스터디 그룹이 도서관을 휩쓸고 나가면 자료가 싹 없어지는 청소가 이루어진다. 결국 아무도, 어떤 그룹도 과제를 수행할 만큼 자료를 확보하지 못하는 상황이 된다.

가만히 있는데 최우수 인재가 협업팀에 와서 최상의 성과를 만들고 가는 것이 아니다.

밑바탕에는 계약 관계가 있다.

학생들은 공황 상태에 빠진다. 과제를 수행한 어떤 개인도 그룹도 없다. 드라마에서는 주인공이 드디어 해결하지만 말이다. 킹스필드 교수의 전공은 계약법이다. 과제의 목적은 확보된 자료와 모자라는 자료를 공유하는 계약을 체결하는 데 있다. 그냥 공유하면 똑같은 답이 나오게 된다. 그렇게 공유한 그룹은 모두 낙제다. 공유는 하되 동일한 답이 나오지 않도록 계약하는 것이 실제 과제다. 이런 과정을 통해 계약의 중요성과 어려움을 깨닫게 하는 것이다.

협업은 내면적으로 이런 과정에 있는 것이 아닐까? 협업이 나의 희생으로 진행된다거나, 공유라는 미명 아래 본래 내가 갖고 있는 권리나 기득권을 포기해야 한다면 아무도 노하우를 꺼내놓지 않을 것이다. 협업의 과실을 공헌한 부분만큼 되돌려 받는 계약 관계가 있어야 개인의 모든 것을 내놓기 시작할 것이다.

협업은 양측의 복잡한 상황에서 이익과 손해를 같이하자는 계약이 내면에 있는 것이다.

콜라플 곱하기

직장은 계약 관계다. 근로계약, 임용계약 등 계약하에서 일하는 것이다. "주인의식을 갖고 일해"라고 말하는 것은 주인 대접을 하지 않고 있다는 증거다. 협업팀에서도 계약 관계가 암묵적으로 존재한다. 우리는 종종 앞에서 애써 무시하고, 뒤에서 찜찜해한다. 분명히 할 것은 확실하게 짚고 넘어가야 한다.

콜라플을 도와주는 온라인 도구

업무를 지시하거나 의뢰하고 이를 수용해서 진행하겠다는 것은 협업 계약이 성사되었다는 것을 의미한다. 팀장의 지시와 의뢰를 법적·도덕적 이유로 거부하는 프로세스도 마련해 둘 필요가 있다. 계약의 성격으로 이루어진 업무는 검수가 있어야 하며, 업무 종결에 따른 평가가 이어지도록 해야 한다. 업무는 각각 책임자와 작업자 등으로 나뉘어 역할 분담을 해야 한다. 지시와 수용 프로세스와 업무별·작업자별 통계 기능을 제공하는 그룹웨어를 이용하면 된다.

9. LGU⁺ vs. KT

식당 개업 후 폐업까지의 기간이 점점 짧아지고 있다. 그럼에도 임대료가 계속 오르고 있는 것은 모순적 상황이다. 식당 자리는 그대로인데 식당을 운영하겠다는 수요는 계속 증가하고 있기 때문이다.

명예롭지도 못하고, 희망하지도 않은 퇴직을 하게 된 후 그나마 할 수 있는 것은 먹을거리를 파는 장사다. 집집마다 조리법 하나씩은 있다. 불안하면 프랜차이즈부터 시작해 보는 것도 방법일 수 있다. 아무튼 퇴직 후 사람들은 외식 업계 쪽을 한 번쯤은 생각하게 된다.

강남 뱅뱅사거리의 한 유명한 갈비탕집은 저녁이 되면 쇠갈비가 주메뉴다. 부산물로 남은 갈비뼈로 다음날 갈비탕을 만든다. 수량은 한정적이다. 전날 발생한 갈비뼈로 만들 수 있는 최대 수량이 100그릇 정도다. 갈비탕을 먹으려면 100명 안에 들어야 한다. 오전 11시 30분이 넘으면 티켓을 받기 힘들다. 그래서 여기는 11시가 점심시간의 절정이다.

점심과 저녁 모두 장사가 잘되면 좋겠지만, 이 갈비탕집은 특이한 사례다. 저녁에는 치킨을 팔고, 모인 뼈로 점심에 닭곰탕을 팔면 얼마나 좋겠냐만 그렇게는 되지 않는다. 칼국수의 경우 주로 점심에 먹는 메뉴라서 저녁을 위한 메뉴를 만들어 보지만 그것은 완전히 다른 비즈니스다.

같지만 다른 것이 한곳에서 이루어지는 것이 협업이다.

치킨과 돈가스는 같은 기름으로 튀긴다.

저녁에 치킨을 튀기는 시설은 점심 때 돈가스를 튀기는 데 활용할 수 있다. 치킨의 노하우를 돈가스에 적용하면 경쟁력 있는 돈가스가 나올 수도 있다. 점심과 저녁을 연이어 이용할 경우에는 할인율을 적용하는 것도 고객 확보에 도움이 될 것이다. 양배추 샐러드는 공통 식자재이므로 원가 절감도 될 것이다. 하지만 치킨과 돈가스는 완전히 다른 음식이다. 둘 다 잘하는 것은 쉽지 않다. 그렇다면 점심과 저녁을 각기 다른 사람이 만들게 하는 것도 방법이다. 거창하게 공유경제라는 말을 꺼내지 않아도 실행될 수 있다.

지하철에서 KT와 LGU⁺ 통화 품질은 같다.

KT와 LGT(LGU⁺)가 처음 이동통신 사업을 할 때는 일명 삐삐와 함께 신세기통신, 한솔 등 여러 사업체가 있었다. 업체마다 각각 전파 시설을 지하철에 붙여야 하는 상황이었다. 이를 개선하기 위해 당시 정보통신부가 한국전파기지국이라는 회사를 설립하고 지하철에서 시설을 공동으로 사용토록 사실상 강제했다. 결과적으로 시설을 같이 쓰게 되었다. 먼저 시설을 설치한 SK텔레콤과 달리 KT와 LGT가 지하철에서 통화 품질이 동일한 이유다.

협업은 지하 공간을 공유하면서 다수의 차량과 사람이 동시에 움직이는 것과 같다.

이동통신 사업에 KT(016), LG(019), 신세기(017), 한솔(018)이 뛰어들 때에는 통신 시설이 품질을 좌우했다. 강원도에 소재한 콘도에 갔을 때, SKT는 거실에서 통화가 되지만, KT는 베란다에 나가야 되고, LGT는 아예 밖에서만 될 때가 있었다. 통화료가 비싸도 SKT(011)를 썼던 이유다. 20대 여성은 여기에 자존심까지 작용했다. 다섯 명이 모여서 전화번호를 서로 알려 주는데, 네 명은 011이고 나머지 한 명은 016이나 019를 썼다. 011을 사용하지 않으면 "요즘 사정이 좋지 않은가 보구나" 하면서 통화 품질이 나빠 가격이 싼 019를 쓰는 것으로 인식하는 분위기가 형성될 정도였다.

2018년 현재, 이런 통화 품질 경쟁은 의미가 없어졌다. 4G, 5G로 넘어갈 때에는 시설을 같이 쓰는 공용이 많아져야 한다. 경쟁력의 원천이 변화했으니 말이다.

콜라플 곱하기

첨예한 경쟁 상황에서 오히려 협업할 분야가 더 많을 수도 있다. 이동통신 3사의 경쟁자는 그들 스스로가 아니라 카카오톡과 페이스북이 되었다. 협업할 이유가 이미 있는데 하지 않으면 3사 모두 지는 상황이 된다. 같은 기름으로 한쪽은 돈가스, 다른 한쪽은 치킨을 파는 구조가 필요하다.

콜라플을 도와주는 온라인 도구

문서 작업은 팀장과 팀원 간 검토와 수정의 연속이다. 출력해서 팀장에게 제출하면 빨간 펜으로 수정 지시를 하고, 팀원이 수정해서 다시 제출하는 뫼비우스의 띠와 같다. 종이로 하거나 파일로 하거나 노력의 차이는 크게 없다. 하나의 파일에서 공동으로 편집하면 생산성을 배가시킬 수 있다. '구글 닥스'나 '네이버 오피스'를 사용하면 스마트기기에서 무료로 동시에 작업을 할 수 있다. 팀원이 더하고 팀장이 빼는 작업을 하는 것이 아니라 곱해지는 협업이 이루어지는 것이다.

10. 이세돌 vs. 알파고

■■■■ 체스와 장기는 컴퓨터가 인간을 이겼다. 연산으로 모든 경우의 수를 빠르게 계산할 수 있게 된 결과다. 바둑은 여전히 모든 경우의 수를 연산(computing)할 수 없다. 인공지능이 필요하다. 알파고가 이룬 인공지능은 기계적으로 이뤄낸 협업 메커니즘이다.

1995년으로 기억한다. 나는 너무 궁금한 나머지 인공지능 시간에 교수님께 다음과 같이 질문을 던졌다.

"슈퍼컴퓨터로 바둑 프로그램을 만들면 사람을 능가할 수 있을까요?"

그러자 '된다'는 답이 돌아왔다. 그러나 다음 시간에 교수님은 자신의 대답을 정정했다. 경우의 수가 19!×19!이기 때문에 연산해서 착점을 정하는 것은 불가능에 가깝다는 것이었다.

알파고 역시 연산으로만 바둑을 둘 순 없다. 착점을 계산하다가는 날이 샐 수 있기 때문이다. 그렇게 수업 시간에 교수님에게 질문을 한 지 무려 20년 만에 드디어 세계 최고 수준의 사람을 이기는 바둑 프로그램이 나왔다.

하나씩 가르치거나 스스로 깨닫게 하거나.

인공지능을 가르치는 방법은 크게 두 가지로 접근할 수 있다. 여자와 남자를 구분하도록 인공지능을 가르쳐 본다. 하나는 '이럴 때는 이렇다'를 알려 준다. '콧수염이 있으면', '목젖이 있으면' 등으로 남자의 특징을 알려 준다. 여자의 특징도 알려 준다. 그런 다음에 인공지능에게 이 사람은 여자인지 남자인지를 묻는다. 인공지능은 지금까지 배운 조건을 탐색해서 답을 한다.

다른 방법은 사람을 보여 주고 남자 또는 여자라고 알려 준다. 가령 수천 명을 보여 주고 인공지능이 그 특징을 스스로 알아내도록 한다. 감기 환자에게 적용해 보자. 앞의 방법으로 한다면, 열이 38도가 넘고 콧물이 나며 오한이 있으면 감기로 판단하는 식이다. 두 번째 방법은 이미 감기라고 알고 있는 환자의 데이터를 인공지능에 입력한 후 감기라고 정의해 준다. 감기라는 특징을 인공지능이 스스로 정의하도록 하는 것이다.

협업팀에서는 선임(시니어 사원)이 후임(주니어 사원)을 가르치고,
깨달을 때까지 기다리는 인내심도 필요하다.

알파고는 기본적으로 두 번째 방법을 쓴 것이다. 결과적으로 이세돌과 바둑을 두면서 선택한 착점은 여러 사람의 경험 중 이겼던 착점이었다. 여러 고수가 가장 많이 선택한 돌을 알파고가 선택한 것이나 다름없다. 이세돌 9단은 다수의 바둑 기사가 협업한 팀과 대결한 것이다.

사람들 사이에만 협업이 있는 것이 아니다. 사람과 기계/IT와의 협업도 필요하다.

기술적으로 들어가면 좀 더 복잡한 알고리즘과 방법론이 있겠지만, 협업이라는 측면에서 볼 때 이런 분석이 될 수 있다. IBM의 '왓슨'은 이미 의료 진단에 활용되고 있다. 사람과 비교했을 때, 진단의 정확성은 오히려 높다고 봐야 한다. 사람은 같은 데이터로도 제각각으로 진단한다. 반면에 왓슨은 같은 진단을 한다. 오진할 확률은 사람이 더 높다. 언젠가 왓슨과 사람의 진단을 환자가 선택하게 될 날도 멀지 않았다. 가천대 길병원과 부산대학교병원에 이어 2017년에 건양대학교병원도 왓슨을 활용하기 시작했다.

콜라플 곱하기

5급 열 명은 1급 한 명을 이길 수 없다. 천 명쯤 되는 1급이 협업해 다른 1급과 바둑을 둔다면 누가 이길 것이라고 예측하는가? 알파고는 수많은 1급이 협업해서 최선의 수를 찾는 프로그램이다. 알파고를 이긴 인간은 이세돌 기사 한 명뿐이고, 오직 한 번만 이겼다.

콜라플을 도와주는 온라인 도구

모든 판례와 의학 논문과 임상 사례를 알고 있는 IBM 왓슨보다 기억력이 좋은 변호사와 의사는 없다. 전문가가 필요한 것은 그들의 안목 때문이지 기억력 때문이 아니다. 자료를 잘 찾는 사람이 고수가 아니라 찾은 자료로 새로운 지식을 만들어 내는 사람이 고수가 된다. 그룹웨어는 여러 형태의 지식을 등록하고, 자유롭게 수정 및 보완해서 협업을 지원하는 지식경영 시스템으로도 활용할 수 있다.

11. 신입사원과 퇴사

■■■■　중소·중견기업에서는 신입사원을 채용해도 1년 내에 이직하는 비율이 매우 높다. 이런 고민은 많고 적음에 차이가 있을 뿐 대기업도 동일하다. 급여가 적어서? 기업 문화 때문에? 이유는 다른 곳에 있었다.

　신입사원 중 퇴사자의 유형에 대해 빅데이터로 분석한 결과를 서울대학교 조성준 교수가 발표했다. 그런데 정말 흥미로운 결과가 나왔다. 첫 번째로 꼽히는 특징은 뜻밖에도 '출퇴근 거리'였다. 이에 대해 상세히 알아보자.

　면접을 볼 때 집과 회사가 멀면 통상 "거리가 먼데 출퇴근이 힘들지 않겠습니까?"라고 묻는다. 그러면 대부분 문제없다고 답한다. "저는 아침형 인간이라 일찍 일어나기 때문에 출근 시간에 맞춰서 올 수 있습니다"라는 식으로 대답한다. 먼 거리가 싫으면 면접장에 오지도 않았을 것이다. 일단 한 곳이라도 합격이 되어야 하니까 말이다. 그러나 막상 아침저녁으로 피곤해지면 점차 다른 직장을 찾게 된다. 계속 다닌다면 다른 직장을 못 찾았거나 정말 좋은 회사라고 봐도 된다.

신입사원은 시간이 지날수록 패기와 열정은 잦아들고 좌절에 휩싸인다.
협업도 시간이 지날수록 매너리즘에 빠질 수 있다.

이유가 단지 불편한 출퇴근 때문이라니….

두 번째 특징은 거리는 멀지 않지만 출퇴근이 복잡한 경우다. 버스와 지하철을 두어 번씩 갈아타야 하는 상황이라면 거리에 관계없이 다른 직장을 찾게 된다. 퇴사의 주된 이유가 출퇴근의 피곤함 때문이라니 요즘같이 취업이 어려운 시절에 기성세대는 이해하기 어려울 수도 있다. 이런 결과를 보고 필자도 면접관으로서 출퇴근 거리와 방법을 유심히 체크하게 되었다.

재미있는 것은 이에 대한 오너 경영인과 인사팀의 대응이 다르다는 것이다. 인사팀은 출퇴근 문제 때문에 곧 퇴사할 가능성이 높은 지원자는 뽑기를 꺼리게 된다. 뽑는 입장에서도 고민이 안 될 수 없다. 출퇴근이 편한 지원자 위주로 채용한다면 회사 근처에 사는 사람을 선택하게 된다. 무슨 중고교 배정도 아니고 이렇게 결정할 순 없음에도 불구하고 이력 사항이 비슷하다면 거주지가 가까운 지원자를 뽑으려고 하는 것이 인사팀의 대응이다.

역시 아무나 사장이 되는 것은 아니다.

반면에 오너경영인은 다른 해법을 내놓는다. 기숙사를 만들어야 하나 또는 셔틀버스를 마련해야 하나 생각한다고 한다. 문제를 해결하는 근본적인 대안을 마련하는 것이다. 인재를 채용하는 것이 무엇보다 중요하기 때문이다. 이것이 경영자와 관리자의 차이일 수 있다. 오너경영인의 새로운 면모를 알게 되었다. 어쩌다 보니 기업의 수장이 된 것이 아니었다.

어렵고 힘든 협업을 하는 중간에 한 번씩 왜 협업을 하는지 상기하자.
중간에 원기를 북돋울(cheer up) 필요가 있다.

이 밖에 퇴사의 원인은 따돌림이다. 회사에서도 외로움을 느낄 수 있다. 그런 느낌을 받는다면 그만두고 싶을 것이다. 당연하다. 또한 온라인 소셜(SNS) 활동이 많은 사람도 순위에 올랐다. 회사에 대한 불만 등을 토로하는 '블라인드'라는 사이트가 있는데, 신입사원임에도 여기에 가입한 사람은 1년 이내에 퇴사할 가능성이 높은 것으로 예상되었다.

콜라플 곱하기

가장 많이 팔리는 제품은 가장 필요한 제품이다. 어떤 문제를 해결해 주기 때문에 쓰는 것이다. 그것을 만들어서 시장에 내놓는 사람이 사장이다. 직원이 생각해 낸 해결책은 직원의 입장에서 나온 것이다. 사장 입장에서 곱하기를 위한 방안을 꺼내야 하며, 더 기다려야 할 이유가 없다면 시행해야 한다.

콜라플을 도와주는 온라인 도구

기업을 이루는 구성원도, 기업의 성과를 만들고 성장을 이끌어 내는 주체도 결국 사람이다. 함께하고 싶은 사람과 키우고 싶은 사람을 채용하는 과정은 기업의 미래이며 성장의 열쇠가 된다. 사람을 채용하고 평가하는 모든 과정에서 과거와 현재의 위치를 점으로 찍어 보면 채용은 잘했는지, 평가는 잘했는지, 배치는 잘했는지 쉽게 알 수 있다. 국내에서는 '마이다스 인사이트'가 채용과 성과 측정을 위한 시스템으로 상품화되었다. 아쉽게도 유료만 있다. 사장은 직원의 속마음을 알고 싶어 한다. 쉬운 방법은 그룹웨어 내에 익명 게시판을 만들어서 마음껏 이야기하게 하는 것이다. 익명은 부작용도 있으므로 주의해야 하지만, 특정한 시기에 한 번씩 들어 보는 것은 협업의 문제를 찾아내는 도구가 될 수 있다.

12. 실행가 vs. 전략가

어느 기업이나 문제가 있다. 문제를 해결하기 위해 컨설팅을 받자고 주장하는 임원도 어디나 있다. 혹시 컨설팅으로 그 문제가 해결될 것으로 기대하고 있는가?

홈런 치는 방법을 가장 잘 설명하는 사람을 꼽으라면 야구 해설가를 들 수 있다. 해설가인 하일성 씨와 허구연 씨의 해설을 들으면 왜 안타를 못 치는지, 잘 치는지 비로소 이유를 알게 된다. 김소월은 단지 진달래꽃을 노래했을 뿐인데 평론가는 단어 하나하나를 분석한다. 김소월이 쓰지 않은 빈 공간, 즉 시구(詩句)와 시구 사이에 공백의 의미도 알려 준다. 전략 컨설턴트나 벤처 캐피털리스트, 기자들도 그런 측면이 강하다. 본인은 실행하지도 않고, 다른 사람의 실행을 분석하고 평가한다.

옥(玉)을 가는 사람과 가리는 사람은 다르다.

• 해설가, 평론가, 컨설턴트, 투자자, 기자, 교수

- 창업자, 엔지니어, 마케터

이 두 부류는 DNA가 다른 사람들이다. 옥(玉)이든 석(石)이든 만드는 사람과 옆에서 옥석을 가리는 사람의 차이다. 직접 옥석을 가는 것과 옥석을 가리는 것은 사뭇 다르다. 그렇다면 역할을 바꾸면 어떻게 될까? 예를 들어 다음과 같이 말이다.

- 야구해설가, 영화평론가가 ⇨ 감독으로
- 투자자 워런 버핏, 전략 컨설팅을 해준 컨설턴트, 교수가
  ⇨ 사장으로

입으로만 협업하는, 시늉만 하는 사람이 있기 마련이다. 경계해야 한다.

전략 없는 실행은 있어도 실행 없는 전략은 없다.

해설처럼, 전략처럼 된다면 '맥킨지 앤드 컴퍼니'와 'BCG(보스턴

컨설팅그룹)' 출신 컨설턴트는 모두 부자가 되었어야 마땅하다. 현장을 중시해야 하는 것은 공장뿐만이 아니다. 어디나 직접 뛰는 사람의 감각이 더욱 중요하다.

현대자동차에 아반떼만 만들어야 한다고 한 전략가가 많았다. 현대자동차의 이미지는 싸지만 탈 만한 차라는 것이었다. 그 이상의 차는 구매하지 않을 것이라고 조언했다. 그렇게 했다면 결과적으로 자동차 시장에서 퇴출되었거나 하청 생산자로 전락했을 것이다. 정몽구 회장의 판단과 결단에 따라 모닝부터 에쿠스까지 대열을 갖춰 지금은 세계 5위 자동차 회사가 되었다. 반면에 두산은 소비재를 팔고 중공업 쪽으로 선회했다. 초기에는 잘된 것처럼 보였으나 최근 어려워지고 있다. 사업은 그럴 수 있다. 항상 성공할 순 없다.

협업에서도 직접 뛰는 사람이 중요하다. 계획을 장대하게 세우는 것보다 프로토타입을 만들어서 볼 수 있도록 하고, 시장의 판단을 수용하는 것이 좋다. 투자자, 전략가와 컨설턴트로 협업팀을 만들면 실행은 누가 할 것인지 생각해 보라.

뭐니 뭐니 해도 묵묵히 실행하는 사람이 협업팀의 보배다.

콜라플 곱하기

컨설팅을 받자고 하는 임원이 컨설턴트의 의견을 충실히 실행할 의지가 있다면 괜찮을 수 있다. 그러나 컨설팅이 문제를 해결해 줄 것이라고 기대한다면 손 안 대고 코를 풀겠다는 심산이다. 컨설팅은 내부 임직원의 토의가 산으로 가지 않도록 하는 데 필요하다. 많은 경우 토론은 결론도 없고, 실행 방안도 없이 끝난다. 컨설팅은 결론을 내리고 실행 방안이 나오도록 도와주고 강제하는 역할을 해야 한다.

콜라플을 도와주는 온라인 도구

아이디어를 내는 것과 실행할 수 있는 진정한 기획을 채택하는 것은 완전히 다르다. 세계적인 컨설팅 회사들이 제시하는 현란한 이론에 현혹되어 잘못된 아이디어를 채택해 폐업에 이른 기업도 많다. 오히려 전문가는 회사 내에 있지 않을까? 그룹웨어 내에 청와대와 같은 청원 프로세스를 설치해 보자. 아이디어를 내고 동의하는 직원이 일정 수준에 달하면 회사는 추진 여부를 결정해야 한다. 그러면 직원들은 작은 아이디어 하나하나가 소중하게 다루어진다고 느끼게 될 것이다. 아이디어에 대해서는 집단지성도 협업을 이끌어 낼 수 있다.

13. 이슈 vs. 리스크

프로젝트 관리자(PM)인 김 과장은 하루하루가 전쟁이다. 문제는 매일 발생하고 해결은 잘 안 된다. 회사는 프로젝트에서 가장 중요한 존재가 PM이라고 말한다. 그가 중요한 것일까 아니면 그의 역할이 중요한 것일까?

프로젝트를 관리할 때 종종 혼동되어 쓰이는 말이 '이슈'와 '리스크'다. 결론부터 말하면 '이슈'는 이미 문제가 발생한 상황이다. 프로젝트 관련자는 발생한 문제를 이슈로 공유하고 함께 해결하는 노력을 해야 한다.

문제를 좀 더 세분화해 보자. 문제(problem)는 다시 '문제'와 '인

협업에서 이슈는 매일 먹어야 하는 비타민처럼 체크해야 한다.

시던트(incident)'로 나누어진다. '인시던트'는 해결 방법(솔루션)이 있는 형태다. '문제'는 어떻게 해결할 것인지 아직 정해지지 않았거나 해결 방법을 찾지 못한 상태다. '문제'는 이슈로 공유해 어떤 방법으로 해결할 것인지를 논의해야 할 대상이 된다.

프로젝트, 매일매일이 전쟁이다.

'리스크'는 아직 문제가 발생하지는 않았지만 발생할 소지가 있는 상황을 말한다. 예를 들어 사용자가 요구 사항을 계속 변동시키는 상황이 발생한다. 변동된 요구를 들어주는 동안 납기를 못 맞추고, 이에 따른 비용이 추가로 수반된다. 프로젝트 팀원의 갑작스러운 이직 역시 납기를 지연시킨다. 이럴 경우, 요구 조건 미확정과 팀원 이직이라는 리스크가 있는 것이다.

프로젝트 관리자는 리스크가 발생하지 않도록 요구 조건을 확정하는 노력을 해야 하고, 팀원의 사기도 관리해야 한다. 리스크가 실제로 발생하지 않도록 회피해야 하는 것이다. 이슈는 이미 발생한 문제이기 때문에 이해관계자가 공유해서 해결을 위한 노력을 같이 해야 한다. 리스크는 이해 당사자 간에 미래에 발생할 문제를 인식하지 못해 갈등 요소가 되곤 한다. 한쪽은 상대가 늘 그래 왔던 것처럼 요구 조건을 변경할 것이라고 생각하므로 필요한 작업 공수를 미리 잡아 두려고한다. 다른 한쪽은 이런 상황을 생각하지 못하니 공수가 많다고 여긴다. 이런 것들을 해결하려면 결국 서로의 생각을 충분히 소통해 리스크 발생을 최소화해야 한다.

협업을 통해 찾은 해결 방안은 끊임없는 질문과 대답을 통해 복잡한 미로를 뚫고 나온 것이다.

이슈, 리스크, 문제, 인시던트는 비슷한 말?

발생할 수 있는 문제, 즉 리스크를 미리 회피해서 이슈, 즉 발생된 문제가 나오지 않게 하는 것이 프로젝트 관리다. 이미 이슈가 되었다면 해결 방법이 아직 정해지지 않거나 찾지 못한 문제를 해결책을 알고 있는 인시던트로 만드는 것 역시 중요하다. 우리가 지금 하고 있는 협업에는 어떤 이슈와 리스크가 있는지 살펴보고 정의해 보자. 문제는 인시던트로 만들어서 처리하는 프로세스가 필요하다.

콜라플 곱하기

이슈, 리스크, 문제(problem), 인시던트를 대체할 적당한 우리말이 없다. 그만큼 위험에 대한 관리가 부족한 것은 아닐까 싶다. 당신 팀에서 혼동해서 쓰고 있다면 프로젝트는 산으로 가고 있는 것이다. 이슈 – 리스크 – 문제 – 인시던트를 구분하고 있다면 곱하기를 하고 있다고 보아도 무방하다.

콜라플을 도와주는 온라인 도구

기업이 갖고 있는 경험을 정리하고 의견을 붙이도록 해서 공유한다면 컨설팅을 자체적으로 하고 있는 것과 같다. 그룹웨어는 조직의 이슈와 리스크를 정리하고 공유할 수 있도록 문서화를 지원한다. 진행 상태, 우선순위, 담당자, 일정을 한눈에 볼 수 있게 한다. 호미로 막을 것을 호미로 막게 해서 협업의 효과를 바로 볼 수 있게 한다.

14. 토끼 · 거북이 vs. 토끼의 간

■■■■ 삼성과 애플이 스마트폰으로 경쟁하고 있지만 삼성이 점점 뒤지고 있다. LG는 아예 중국 제품에도 밀리고 있다. '못 만들어서 못 판다'는 마케팅부서와 '팔아 오기만 해라. 다 만들어 주겠다'는 생산부서의 경쟁으로는 밖에서 이길 수 없다.

첫 번째 상황

토끼와 거북이가 경주를 했는데 토끼가 졌다. 토끼는 중간에 자만에 빠져 잠을 잤고, 거북이는 포기하지 않았기 때문에 이겼다. 모두가 알고 있는, 꾸준히 끝까지 노력하면 성공할 수 있다는 교훈이다.

다이어트는 거북이처럼 꾸준히 그리고 지속적으로 해야 한다. 토끼처럼 빠른 시간에 너무 많이 살을 뺐다가는 요요현상으로 체중이 더욱 불어나는 경우가 많을 것이다. 모래 위에 누각을 짓고 투자를 받은 스타트업이 지속될 수 없는 것과 같은 이치라고 할 수 있다.

두 번째 상황

토끼는 아무리 생각해도 억울했다. 한 번 더 하자고 제안했고, 다시 경주를 했다. 이번에는 이변 없이 이긴다. 결국 실력이 중요하다는 교훈인 것이다. 모든 토끼가 중간에 잠을 자는 것은 아니니 말이다. 정말 실력이 있으면서 겸손하고 배려하며 함께한다면 성공할 수 있다. 하지만 살면서, 사업하면서, 연애하면서, 결혼 생활을 하면서, 어떤 경우든 난관이 있기 마련이다. 잠을 안 자고 아무리 달려도 갈 수 없는 상황이 있다. 다음 상황이 그렇다.

[출처: http//www.foodis.com]

잘하는 사람이 쉬지 않고 협업을 하면 더 잘할 수 있다.

세 번째 상황

거북이도 곰곰 생각한다. 이번에는 거북이가 경주를 제안한다. 그리고 경주하는 길을 바꾸자고 한다. 토끼는 아무 생각 없이 동의한다. 역시 토끼가 앞서간다. 그런데 평소에 다니던 평탄한 길이 아니라 강물이 나타났다. 토끼가 건너지 못하고 쩔쩔매는 사이에 거북이가 나타나 유유히 강물을 건너 토끼를 이긴다. 이 이야기는 본인의 강점이 발휘되는 환경에서 경쟁해야 한다는 교훈을 주고 있다. 이순신 장군이 수많은 전쟁에서 한 번도 지지 않은 것은 이길 수 있는 장소와 상황 하에서만 전투를 했기 때문이다. 전투 자체만 따졌을 때는 원균이 오히려 더 용감하게 했다고 한다.

협업에 유리한 조건을 만들어야 한다. 이순신 장군은 지지 않을 장소와 시간을 파악해서 왜군과 싸웠기 때문에 전승(全勝)할 수 있었다.

네 번째 상황

여기서 한 번 더 생각한다. 거북이가 토끼를 업고 강물을 건너가면 어떨까? 그렇다. 협업이다. 그런데 거북이와 토끼가 왜 협업을 해야 하는가? 서로 경쟁하는데 말이다. 협업하려면 공동의 목표가 있어야 한다. 거북이는 토끼의 간을 용왕님께 드리기 위해서, 토끼는 보물과 벼슬이 탐나서 바닷속으로 가야 하는 공동의 목표가 생겼을 때, 거북이는 토끼를 태우게 된다. 우리가 아는 별주부전(토끼의 간) 이야기다.

협업은 완전히 다른 사람과 완전히 다른 환경에서도 할 수 있다.

콜라플 곱하기

생산부서와 마케팅부서가 협업을 이루려면 공동의 목표를 갖게 해야 한다. 지금까지 애플을 쫓아 열심히 달려 왔고 성공적인 부분이 많았지만 여전히 애플은 앞에 있다. 중국 제품이라는 커다란 강물도 새로 생겼다는 것을 우리는 알고 있다. 토끼는 거북이 등에 올라타야만 강물을 건널 수 있는 상황이 된 것이다. 제품 스펙을 까먹게 된다는 LG의 마케팅을 개선하기 위해서는 마케팅만 쳐다보아서는 안 된다. 오히려 생산 부문이 왜 마케팅과 협업이 안 되고 있는지를 진단하고 처방을 해야 한다.

콜라플을 도와주는 온라인 도구

협업을 지원하는 가장 복잡한 온라인 도구를 소개한다. 국토라는 우리나라 공간은 개인부터 국가, 기업 등 모든 국민이 경제, 사회, 법적으로 이해관계자다. 그만큼 복잡하다. 협업이 아니면 어느 누구도 한 평의 땅조차 어떻게 할 수 없다. 이들의 업무 처리는 관련 부서와 공문서로 많은 절차와 검토를 거칠 수밖에 없어서 평균 6개월이 소요되고 있었다. 그러다가 2013년 '국가공간정보포털'이라는 온라인 통로를 마련함에 따라 유사 사업 및 중복 여부 판별이 편리해지고, 불필요한 사업 추진으로 인한 예산 낭비를 사전에 방지할 수 있게 된다. 이해관계자들이 진정성을 갖고 업무 협의나 조정 업무를 하기 위해 같은 목표를 향해 간다는 점에 공감하면서 서로의 자원을 공유하게 되었다. 27개 중앙부처 78개 시스템 및 17개 시·도, 229개 지자체의 공간정보 업무보다 우리 회사가 복잡하지 않다면 온라인 도구를 도입하지 못할 이유가 없다.

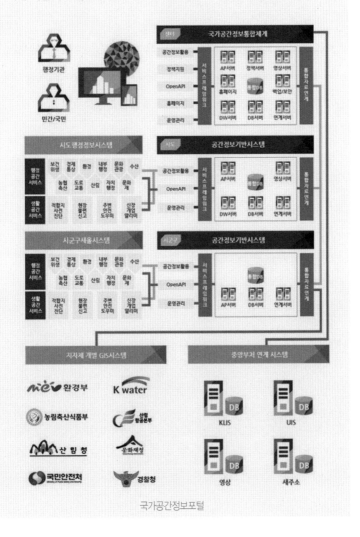

국가공간정보포털

3+3은 6이지만 3×3은 9가 된다. 더함을 넘어 곱함이 되어야 한다. 치열함이 없다면 TFT(Task Force Team)를 해체하는 것이 오히려 좋다. 기업의 성과를 측정해서 좀 더 성장하기 위한 KPI(Key Performance Indicator, 성과달성목표)는 자칫 "나만 아니면 돼"로 변질되기 쉽다. 밑바탕에 진정성이 있어야 한다. 현대자동차와 기아자동차가 합쳐져 현대기아차가 되었다. 경례를 하지 않는 이스라엘 군인이 세계 최강이다.

팀의 업무를 나누되 협업이 될 수 있도록 해야 한다. 돈가스와 치킨은 같이 튀겨야 하고, 그들 간의 업무는 계약 수준으로 정의될 필요가 있다. 실행자와 전략가는 다른 사람이다. 머릿속에서는 모든 것을 할 수 있으나 손발은 그렇지 않다. 신입사원의 애로 사항 역시 현장에서 데이터로 찾아야 한다. 이슈는 해결하고, 리스크는 회피하면서 토끼와 거북이가 더함을 넘어 곱하면 모든 환경에서 가장 빠르게 달릴 수 있게 된다.

협업하는 인간, 강해지는 조직

콜 라 플

초판 1쇄 인쇄 2018년 5월 20일
초판 1쇄 발행 2018년 5월 25일

지은이 | 임채연
펴낸이 | 김진성
펴낸곳 | 헤이테북스
편   집 | 박부연, 허 강, 정소연
디자인 | 장재승, 장재명, 이은하
관   리 | 정보해

출판등록 | 2005년 2월 21일 제2016-000006호
주 소 | 경기도 수원시 장안구 팔달로237번길 37, 303(영화동)
전 화 | 02-323-4421
팩 스 | 02-323-7753
홈페이지 | www.heute.co.kr
이메일 | kjs9653@hotmail.com

Copyright ⓒ 임채연
값 15,000원
ISBN 978-89-93132-59-5 03320